서울 도심에

영세 공장이 왜 많을까?

서울 도심에
영세 공장이 왜 많을까?

초판 1쇄 인쇄일 2021년 12월 21일
초판 1쇄 발행일 2021년 12월 31일

지은이 | 강우원
펴낸이 | 양옥매
디자인 | 표지혜 김영주

펴낸곳 도서출판 책과나무
출판등록 제2012-000376
주소 서울특별시 마포구 방울내로 79 이노빌딩 302호
대표전화 02.372.1537 **팩스** 02.372.1538
이메일 booknamu2007@naver.com
홈페이지 www.booknamu.com
ISBN 979-11-6752-097-5(03320)

서울 도심에
영세 공장이 왜 많을까?

서울 도심부 제조업의

입지 특성 및 도시재생 전략

| 강우원 지음 |

머리말

   30여 년 전 박사 논문을 준비하면서 서울 을지로 도심 제조업을 처음 찾았을 때 막막했던 생각이 난다. 서울의 비싼 도심에 왜 이렇게 영세 공장이 많을까. 이들은 언제부터 이 도심을 차지하고 있었으며, 현재까지 도심을 차지하고 있는 이유가 무엇일까. 이런 의문을 가지고 찾았지만, 그저 소음이 심하고 분진이 날리는 영세한 공장 밀집 지역에 불과했다.

   어디서부터 연구를 시작해야 할지, 누구에게 물어보아야 할지 막연했다. 예비조사(Pilot Study)를 위해 바쁜 사람들을 붙들고 질문을 해 댔지만, 용어를 모르니 해 주는 설명도 이해하기 어려웠다. 용어를 이해하기 위해서는 공정을 알아야 했고, 이를 위해 공정 관련 책을 보거나 협동조합을 찾아다녀야 했다. 한편으로 관련 학술 서적과 논문을 찾아 읽으며 관련 내용과 이론을 정립해 나갔다.

   결국 도심 제조업은 어떤 수요도 다 감당할 수 있는, 마치 하나의 거대한 공장과 같다는 결론에 이르렀다. 도심의 영세 공장은 시간적·공간적·질적·비용적인 제약을 극복하는 산업 생태계를 형성하고 있었다. 그뿐만 아니라, 도심의 도소매 판매 점포와 상보적인 관계를 형성하고 있다는 것도 확인하였다.

그런데 연구는 연구에 머물렀을 뿐, 서울시에서 추진하는 공간정책과 산업정책은 과거의 전형에서 벗어나지 못하고 있다. 서울시는 1970년대부터 도심 공장을 '도심 부적격 기능'으로 분류하고 계속해서 외곽 이전 및 분산정책을 펼쳐 왔다. 서울 영등포구 양평동, 금천구 시흥동의 각종 공구상가와 공장 밀집 지역은 이런 정책의 산물이다. 그 외에도 도심 재개발 사업 같은 공간정책을 통해 도심 영세 공장의 끊임없는 외곽 분산을 부추겼다.

2003년 청계천복원사업을 펼치면서 문정동에 〈가든파이브〉를 지어 공장과 공구상 이전을 시도하였다. 그러나 현재 〈가든파이브〉는 공구상가와는 거리가 먼 쇼핑몰로 변했고, 도심에는 여전히 영세 공장이 남아 각종 판매상과 가치사슬 체계를 형성하고 있다. 도심 산업 생태계를 고려하지 않는 인위적인 도시개발은 정책적 효과를 달성하기 어렵다. 심지어 또 다른 부작용도 낳게 된다는 것을 확인시켜 줄 뿐이다.

하지만 최근 질문이 바뀌었다. 그렇다면 20년, 30년 후에도 계속 이런 모습으로 남아 있어야 하는가. 세상은 바뀌어 소위 4차 산업 혁명(4th Industrial Revolution)의 시대에 와 있는데, 산업 생태계 운운하면서 존재 이유에 대한 설명에만 머물러야 하는가이다.

산업 환경 변화에 대응하는 미래 도심 제조업은 어떤 모습이 어야 하고 그런 가능성은 어디서 찾을 수 있을까? 이러한 질문은 과거에는 가정이었지만 지금은 현실이 되었다. 이미 도심 영세 공장 지역에는 일부 IT, 문화예술, 디자인과 같은 신산업이 새로이 유입되었고 다양한 협업이 이루어지고 있다.

때마침 도시 재정비촉진사업 계획 변경을 위한 프로젝트가 진행되면서 구체적으로 고민할 기회가 생겼다. 뜨거웠던 지난 여름, 서울 을지로 도심의 영세 공장을 찾아 연구를 시작했다. 이 책은 그 고민을 거듭했던 땀내 나는 노력 결실에 의존하는 바크다.

더불어 그동안 수행되었던 각종 연구 결과를 정리하고 4차 산업 혁명 시대의 도심 제조업에 대한 향후 위상을 제시해 보고자 하였다. 세부적으로는 신산업을 수용하면서 자율적·자발적 산업구조 조정을 수행해 왔던 도심 제조업의 경쟁력을 검증해 보고자 한다. 또 여타 국가에서는 결코 발견할 수 없는 도심 제조업의 한국적 내지 서울적 특수성을 확인해 보고자 하였다.

그러면서 모든 사람이 쉽게 읽을 수 있는 도심 제조업 책을 써 보고자 하였다. 궁극적으로 서울 시민에게 반향을 일으켜, 서울시의 핵심 정책과제가 되길 바라는 마음이 간절하기 때문이다. 그동안 연구 수준에 그치고 만 지난 시간에 대한 반성이다. 그럼에도 불구하고 전혀 쉽지 않거나 잘 공감되지 않는다면 온전히 저자의 부족한 재주 탓이다. 결코 도심 제조업에 대한 산업 재생 화두가 잘못된 방향이 아니라는 점을 거듭 천명한다.

　　서울시립대 황지은 교수와 심한별 박사, 안채원 선생을 위시한 참여 연구진, 〈세운협업지원센터〉와 조사원들의 열정과 노력에 감사드린다. 바쁜 와중에도 성실하게 조사에 응해 준 서울 도심의 영세 공장과 소상인 관계자분들에게 고마움을 표한다. 마지막으로 맞춤법에 이르기까지 눈높이 교정 노력을 아끼지 않았던, 일일이 거명하기 어려운 많은 분에게 깊은 감사의 마음을 전한다.

군자동 연구실에서

강우원

목차

도심 산업의 어려움,
어떻게 해결할 수 있을까?

1장

서울 도심 제조업,

언제 시작되었을까?

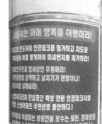

01
시작하면서

여러 국가와 도시들은 경제의 글로벌화 속에서 급격한 산업 구조의 변화와 공간구조의 재편을 경험하고 있다. 글로벌 경제의 중추적인 일원이자 세계도시로서의 서울도, 대도시 경쟁력의 중심에 설 수 있도록 산업구조를 개편하고 공간을 쇄신하고 도시 정비를 도모해 왔다. 특히 전통제조업과 도소매 기능이 밀집되었던 서울의 도심은 도심 재개발 과정을 통해 국제금융 및 업무 중심 기능을 강화해 왔다. 하지만 도 · 소매 기능과 전통제조업이 연계된 가치사슬 체계는 여전히 도심의 한자리를 굳건하게 차지하고 있다.

그러나 세상은 바뀌어 가고 있다. 소위 4차 산업 혁명(4th Industrial Revolution)의 시대에 와 있다. 4차 산업 혁명은 정보통신기술의 발달로 인공지능에 의해 자동화와 연결성이 극대화되는 융합과 연결이 주가 되는 산업 환경의 변화를 의미한다. 대표적으로 인공지능(AI), 빅데이터(big data), 사물인터넷(IoT), 블록체인 등이 있고 자율주행 자동차, 드론, 가상 및 증강현실(VR & AR) 등이 존재한다. 이런 차세대 산업 환경 변화의 시대에, 소음과 분진 때로는 악취까지 풍기는 영세 공장 중심의 도심 제조업이 왜 서울 도심에 존재해야 하는지에 대해 지극히 본질적인 의문이 든다.

　도심의 영세 공장은 무엇이며 어떤 특징을 가지고 있는가. 이들이 언제부터 이 도심을 차지하게 되었고 지금도 왜 비싼 도심을 차지하고 있는 것일까. 그리고 이들에 대한 서울시의 정책은 무엇이었으며 그것의 효과나 결실은 어떠했는가. 4차 산업 혁명 시대에 이들에 대한 미래 전략은 어떠해야 하는가.

　기술에 앞서 몇몇 개념을 분명히 할 필요가 있다. 먼저 도심에 대한 공간적 범위는 어디를 말하는가이다. 기준을 어떻게 설정하느냐에 따라 도심의 범위는 다양할 수 있겠다. 대개 공시지가와 토지이용 지표를 이용하여 사대문 내를 '서울 도심'으로 설정하고 있다. 하지만 많은 연구 자료와 통계를 인용하는 과정에서 공간적 범위는 다소 유동적일 수밖에 없다. 그럴 때는 해당 연구 자료와 통계에서 제시한 도심의 공간적 범위에 관해 설명을 덧붙이겠다. 본 글에서 '서울 을지로 도심'은 그중에서도 세운 상가와 그 주변의 '재정비촉진지구'로 설정하고자 한다.

또 여기서 말하는 '도심 산업'과 '도심 제조업'이란, 업종으로 분류된 개념은 아니다. 도심은 상상을 초월하는 높은 토지 가격, 넘치는 사람들로 인한 혼잡의 대명사이다. 이러한 도심의 고지가, 집적 불경제에도 불구하고 통시적으로 서울 도심에 입지하고 있는 산업과 제조업을 의미한다. 그리고 '공장'은 땀 흘리며 생산공정을 담당하는 실제의 제조 공간이며, 산업분류에 의한 '제조업'과 같은 의미라고 해도 좋겠다. 그래서 기술할 때는 표현의 적실성에 따라 두 용어를 섞어 사용하기로 한다.

02
지금, 서울 도심 제조업은?

대한민국의 경제력이 서울과 수도권으로 집중되는 현상은 이미 잘 알고 있는 상식이다. 그러면 제조업도 같은 양상을 보여주고 있는가. 그리고 더 나아가 서울 도심 제조업은 어떠한가. 주로 통계 자료를 중심으로 해서 그 현황과 추세를 살펴본다. 우리와 경쟁 관계에 있는 일본 도쿄와도 비교해 본다.

서울의 제조업 현황

팽창하는 서울의 경제력

광복 이후 한국 경제가 급속하게 발전함에 따라, 서울의 산업도 계속해서 팽창을 거듭하였다. 구체적인 수치로 확인해 보자. 먼저 서울시 전체 사업체 수는 계속 증가하여 2003년에 74만 8,963개소로 최고점에 이른다. 그러나 그 이후 감소를 거듭하여 2008년 최저점에 이르렀다가 다시 성장을 이어 갔고 2019년 서울시 전체 사업체 수는 82만 3,624개소이다.

한편 서울시 사업체에서 일하는 종사자 수를 기준으로 보면, 사업체 수 기준으로 볼 때와는 다른 양상을 보여 준다. 종사자 수를 기준으로 보면 일부 정체 시기가 있긴 했지만, 지속적인 성장 추세를 보여 주고 있다. 2000년 357만 4,824명에서 2010년 449만 81명, 그리고 2019년에는 522만 6,997명에 이르고 있다. 서울의 전체 산업은 팽창 일로를 걷고 있다고 할 수 있다.

정체 또는 감소 추세의 서울 제조업

그럼 서울의 제조업에 한정하여 그 추세를 살펴보면 어떠한가? 먼저 사업체 수를 기준으로 서울의 제조업을 살펴보자. 꾸준히 증가하던 서울의 제조업체 수는 2002년에 7만 4,043개소를 최고점으로 하여 내림세를 보이며, 2010년에는 5만 3,969개소까지 하락한다. 그러다가 다소 증가하긴 했지만, 전반적으로 정체 상황을 보여 준다고 할 수 있다. 2019년 기준으로 5만 7,321개소에 이르고 있다. 성장하는 서울시 전체 산업과 달리 서울의 제조업은 정체 상황을 유지하고 있는 셈이다.

종사자 수를 기준으로 보면, 서울시 제조업 종사자 수는 지속적인 감소 추세를 보여 주는 것이 특징적이다. 2001년에 59만 9,234명을 최고점으로 계속해서 감소하다 2018년에는 26만 5,273명까지 하락한 상태이다.

이를 부가가치 기준으로 살펴보면, 서울시 산업 변화의 양상이 더욱 명확해진다. 서울의 지역 내 총생산(GRP)에서 3차 산업의 비중은 계속 증가하고 있는 반면에 제조업의 비중은 급속히 줄어드는 추세를 보인다. 즉, 3차 산업의 비중은 1989년 83.1%, 1995년 88.0%로 급속히 상승하고 2014년에는 89.9%에 이르고 있다. 반면 제조업의 비중은 1989년 16.1%, 1995년 11.7%로 감소하고 2014년에는 6.3%까지 감소하였다.

이를 요약하자면 서울시 전체 산업은 꾸준히 성장하고 있으며 이를 주도하고 있는 것은 3차 서비스산업이라고 할 수 있다. 반면에 서울의 제조업은 정체 또는 감소 추세라고 할 수 있다. 한마디로 서울 경제의 서비스화 확대와 제조 기능 약화라고 요약할 수 있다.

상대적 비중이 강화된 도쿄 제조업

그러면 외국 대도시들은 어떨까. 우리와 여건이 비슷한 도쿄도의 제조업을 중심으로 현황 및 그 추세를 확인해 보고자 한다. 『도쿄의 중소기업 현상』(2018) 자료에 의하면, 도쿄도 내 제조업 사업소 수는 2만 7천 개소(전국 대비 7.6%)이며, 고용자 수 기준으로 보면 29만 6천 명(전국 대비 3.8%)이다. 절대로 적지 않은 비중이다.

또 도쿄 제조업의 사업소 수와 종사자 수는 2003년 이후 지속해서 감소하고 있다. 하지만 숫자상 감소 추세에도 불구하고 2013년 이후 도쿄 전체 산업에서 제조업이 차지하는 비중은 오히려 증가 추세를 보여 주고 있다. 요컨대 도쿄의 제조업체 수는 감소하고 있지만, 도쿄 전체 산업에서 차지하는 비중은 증가 추세라고 할 수 있다.

두 도시를 비교하여 정리하면, 서울 경제는 서비스산업 확대와 제조업 약화라는 기조에서도 제조업체 수는 일정 비중을 견지하고 있었다. 도쿄 역시 제조업의 사업소 수와 종사자 수는 모두 감소하고 있지만, 도쿄 전체 산업에서 제조업이 차지하는 상대적인 비중은 결코 줄지 않고 있다.

생활 관련형 서울 제조업

서울 제조업에서는 어떤 업종이 가장 많을까. 통계청 KOSIS(2019)에 의하면, 서울시에서 가장 많은 제조업체 수는 의류, 의복 액세서리와 모피 제조업종으로 13,996개소이며 전체의 24.4%를 차지한다. 그다음이 인쇄 및 기록매체 복제업으로 6,903개소이며 12.0%이다. 그다음이 섬유제품 제조업, 기타 제품 제조업, 금속 가공제품 제조업 순이다. 이들은 대략 8%대의 비중을 유지하고 있다.

종사자 수 기준으로 보면, 가장 많은 종사자 수를 가진 제조업종은 역시 의류, 의복 액세서리와 모피 제조업종으로 80,022명, 그다음이 인쇄 및 기록매체 복제업으로 27,114명이다. 전체에서 차지하는 비중이 30.2%, 10.2%나 된다. 서울의 제조업은 의류 관련 업종, 인쇄 관련 업종과 같이 생활 관련형 제조업종이 다수를 차지하고 있다고 볼 수 있다.

한편 『도쿄의 중소기업 현상』(2018) 자료에 의하면, 도쿄 전체 제조업 중에서 인쇄업종 업체 수가 15.7%, 금속업종 업체 수가 14.4%를 차지하고 있다. 서울과 비교하여 상대적으로 의류 관련 업종 비중이 현저하게 낮고, 대신 금속가공과 같은 가공조립형 제조업종 비중이 높은 것이 특징이라고 할 수 있다.

클러스터형의 서울 제조업 분포

서울 제조업의 공간적 분포에서 또 다른 특징을 찾을 수 있다. 서울시 전체 제조업체 5만 7,321개소 중에서 15.7%에 해당하는 9,018개소가 중구에 밀집하고 있다. 종로구의 4,462개소를 합하면 거의 서울의 4개 제조업체 중 하나는 중구·종로구에 해당하는 도심에 입지하고 있다. 글로벌 도시 중에서 서울 외에 이런 독특한 현상을 보여 주는 도시를 떠올리기 쉽지 않다.

그뿐만 아니라, 특정 업종이 특정 지역에 밀집해 하나의 클러스터(cluster)를 형성하는 것도 특성으로 꼽을 수 있겠다(서울연구원, 2013). 인쇄·기록매체 복제업은 중구에, 금속 가공품 제조업은 구로구와 영등포구에 몰려 있는 등 업종별로 특화되었거나 밀집된 형태를 보인다.

서울 도심 제조업의 현주소

지난 10년 동안 증가하고 있는 서울 도심 제조업

그러면 서울 도심을 중구·종로구로 한정하고 도심 제조업의 위상을 살펴보자. 2010년 서울 도심 제조업의 사업체 수는 1만 2,552개소였으며 서울시 전체 제조업체에서 차지하는 비중은 23.3%였다. 종사자 수 기준으로 보면, 3만 7,499명으로 서울

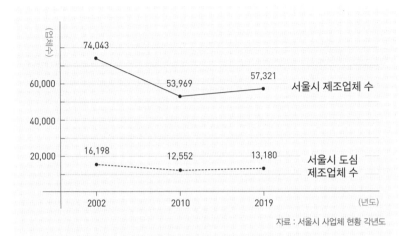

[그림 1.2.1] 서울시 제조업체 및 도심 제조업체 수 추이

시 전체 제조업에서의 비중이 13.7%였다. 그러다가 2019년에
는 서울 도심 제조업의 사업체 수는 1만 3,480개소이며 서울시
전체 제조업체 수에서 차지하는 비중은 23.5%이며, 종사자 수
기준으로는 4만 2,081명으로 서울시 전체 제조업에서의 비중은
15.9%나 된다.

　[그림 1.2.1]에서 보는 바와 같이 놀랍게도 지난 10년 동안
도심 제조업의 사업체 수나 종사자 수는 계속해서 증가하고 있
으며, 이들이 서울시 제조업 전체에서 차지하는 비중도 꾸준히

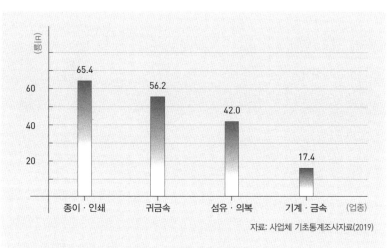

자료: 사업체 기초통계조사자료(2019)

[그림 1.2.2] 업종별 도심 제조업이 서울시 제조업에서 차지하는 비율 (단위: %)

늘어나고 있다.

하지만 도심 제조업의 증가가 모든 제조업종에서 나타나는 보편적 현상은 아니다. 업종별로 살펴보면 특정 업종의 집중이 극명하게 나타난다. 2018년 제조업체 수 기준으로 서울시 종이·인쇄 산업의 65.4%, 귀금속 산업의 56.2%, 섬유·의복 산업의 42.0%, 기계·금속 산업은 17.4%가 도심에 밀집하여 있다. 제조업 종사자 수 기준으로는 서울시 종이·인쇄 산업의 54.1%, 귀금속 산업의 52.8%, 섬유·의복 산업의 29.0%, 기계·금속 산업은 19.2%가 도심에 밀집하여 있다(사업체 기초통계

조사자료, 2019).

또 다른 연구 자료를 살펴보아도 이런 특정 업종의 집중 현상이 나타난다. 세운상가 일대 재정비촉진지구에 한정하여 지구 내 사업체 현황을 살펴보면, 인쇄업이 45.4%, 기계·정밀 20.3%, 공구 14.2%, 전기·전자 13.6%, 조명 6.5%이다(세운재정비촉진계획, 2020).

요약하면 적어도 최근 10년간 서울 도심 제조업은 꾸준히 상승 국면을 유지하고 있었으며, 이 상승 국면 유지에는 종이·인쇄업, 섬유·의류업, 기계·금속업 등이 중추적인 역할을 하고 있었다. 그리고 이들 업종을 포함한 몇몇 업종의 서울 도심 집중률은 가히 절대적이라고 할 수 있다.

특정 업종 중심의 서울 및 도쿄 도심 제조업

그러면 이런 현상은 서울만의 특별한 현상일까? 비교를 위해 미국 대도시 자료를 적용해 본다. 미국 대도시의 도심에 의류·인쇄, 그리고 보석 관련 업종이 높은 입지상 계수(Location Quotients)를 보여 준다. 물론 첨단 산업 관련 업종도 높은 입지상 계수를 보이는 등 우리와 다소 다른 양상도 있지만, 우리와 공통적인 업종이 도심에 많이 자리 잡은 양상은 분명하다(Potter, Kim & Wang, 2013).

다시 도쿄를 끌어다 본다. 서울의 도심과 도쿄 도심을 직접적으로 비교하기는 어렵다. 왜냐하면 도쿄의 도심은 바다에 면하고 있어 중심성에서 다소의 왜곡을 나타낼 수 있기 때문이다. 참고로 도쿄는 23개의 구(區)와 26개의 시(市), 그리고 5정(町) 8촌(村)으로 복잡하게 구성되어 있다. 그래서 도쿄의 도심 제조업을 도쿄의 구(區)부 제조업으로 대체하여 비교하고자 한다.

일본 도쿄 구부 제조업은 2013년 이후 국내총생산에서 제조업 비중, 도쿄 전체 산업에서 제조업 비중이 증가하는 추세이다. 하지만 도쿄 구부 제조업의 사업체 수 및 종사자 수의 절대 수치는 계속해서 감소하고 있다. 그런가 하면 또 도쿄의 구(區)부 제조업은 사업소 기준 인쇄 17.5%, 금속 15.0%로, 서울 도심 제조업과 크게 다르지 않다.

이런 도심 제조업의 부침은 당해 도시에만 한정된 현상인지, 아니면 국가 전체 경제적 상황과 관련이 있는 것인지 의문이 들었다. 그래서 서울 도심 제조업과 도쿄 구부 제조업 상황을 국가 전체의 경제적 상황과 관련해 살펴보았다. 도쿄 구부 제조업의 경우 1991년부터 2011년까지 사업체 수가 53% 감소했으나

2006년부터 반등했고 2013년 이후 제조업 비중이 증가했는데, 이는 일본 경제의 회복과 관련 있는 것으로 보인다.

또 서울 도심의 제조업 경우도 2010년까지의 감소 추세, 2010년 이후 서울 도심 제조업체 수 증가와 2016년 이후 다시 정체되는 것은 역시 한국 경제적 상황과 관련이 있는 것으로 분석된다. 결국 대도시의 도심 제조업 부침 역시 국가 전체의 경제적 상황과 전혀 무관한 것은 아니라고 설명할 수 있다.

도심 제조업을 학술적으로
어떻게 설명할 수 있을까?

도심은 무엇이며, 그 비싼 도심에 공장이 자리 잡는 이유가 무엇인지를 학술적으로 어떻게 설명할 수 있을까? 먼저 도심의 공간적 범위는 어디를 말하며, 그곳은 어떤 특성이 있는지 여러 도시학자의 주장을 살핀다.

도심

도심이라는 개념의 용어는 다양하다. 영어에서는 다운타운(Downtown)이라고 하기도 하고 CBD(Central Business District) 또는 어번 센터(Urban Center), 어번 코어(Urban Core)라고도 한다. 다운타운은 도심부 중에서 위락시설과 쇼핑센터가 자리 잡은 번화한 지역을 의미한다. 지방 중소도시에서 식당, 찻집, 상점가가 몰려 있는 중심부이다. 현대 대도시에서 가장 널리 쓰이는 개념인 CBD는 중심상업업무지구라고도 불리는데, 상품 판매나 다양한 사무 활동이 집적된 지역을 말한다. 나머지 두 개념은 일반적인 중심성을 가진 공간적 범주로 이해하면 되겠다.

도시학자들도 도심에 대해 다양하게 정의를 내리고 있다. 먼저 월터 크리스탈러(Walter Christaller)의 중심지 이론에 의하면 중심지는 배후 지역에서 필요로 하는 상품과 서비스를 제공하는 기능들이 집적된 정주체이다. 그리고 규모에 따라 7개 계층으로 나타난다고 확인하였다. 그중에서 도심은 도시 내에 형성된 중심지로서 최상위 중심 기능의 집적지라고 정의할 수 있다(김창석 외, 2000).

일본학자 服部銈二郎은 매우 고차적인 기능을 도심 기능이라 하고, 이 기능이 가장 많이 집적해 있는 지역을 도심이라고 정의하였다(服部銈二郎, 1970). 그는 이 도심 기능을 크게 관리 기능과 상업·서비스 기능으로 구분하였다.

이처럼 대개의 도시학자는 최상위 중심 기능이 밀집한 공간을 도심이라 정의하고 있지만, 본 글에서는 도심 개념을 이와 달리 정의하고자 한다. 높은 지가를 감당하면서 시민에게 일정 상징성을 갖는 공간적 범역을 도심이라 하고자 한다.

개념 정의를 어떻게 하든 도심은 몇 가지 일반적 특성을 가진다(김창석 외, 2000). 첫째, 양호한 접근성(Accessibility)이다. 두 번째는 고지가에 따른 고밀도 토지이용 현상이다. 세 번째는 상업, 업무 활동의 집중과 함께 상주인구가 많이 감소하는 도심공동화 현상이다. 그 외에도 각 도시가 가지고 있는 문화나 역사성에 따라 다양한 특성을 보여 주고 있다. 도시에 따라서 제조업이 존재하기도 하고, 고밀도 주거지구가 자리 잡기도 한다.

그러면 도심의 공간적 범위를 어떻게 확인할 수 있을까. 이를 확인하는 방법도 개념만큼 다양하다. 인구 분포에 기초하는 방법, 지가를 기준으로 설정하는 방법과 토지이용 분석을 통해 설정하는 방법 등으로 나눌 수 있다.

먼저 인구 분포에 기초하는 방법은 상주인구나 고용 패턴을 기준으로 도심 경계를 설정하는 방법이다. 지가를 기준으로 설정하는 방법은 공시지가와 같이 검증된 지가로 도심을 설정하는 방법이다. 마지막으로 토지이용 분석을 통해 설정하는 방법은 중심업무 용도가 차지하는 비율이나 집약도와 같은 중심업무고도지수(CBHI)나 중심업무집약도지수(CBII)를 통해 확인하는 방법이다. 서울시에 이들 지표를 적용하면 도심은 주로 서울시 중구, 특히 사대문 안이 해당한다(강우원, 1995; 김창석 외, 2000).

도심 제조업 입지 이론

이제 높은 지가를 감당해야 하는 도심에 제조 공장이 자리 잡는 이유에 대해 학술적으로는 어떻게 설명하고 있는지 확인해 보자. 사실 여기에 대한 이론적 설명 틀은 그렇게 풍부하지 않다. 주로 기존 입지 이론을 도심 제조업에 적용하여 설명하거나 가설처럼 설정하여 설명해 보려는 접근들이다. 그 내용을 요약·정리하여 이해를 도모하고자 한다.

인큐베이터 가설(Incubator Hypotheses)

왜 도심에 공장이 들어서는 것일까에 대한 가장 전통적인 견해로는 인큐베이터 가설이 있다. 도심이 새로운 제조업의 발생과 성장에 인큐베이터(Incubator) 역할을 담당하는 것으로 인식하는 것이다(Nicholson, Brinkley and Evance, 1981).

더 나아가 레언과 스트럭(Leone and Struyk)은 인큐베이터 가설을 단순 가설과 복잡 가설로 구분하였다(Leone and Struyk, 1976). 전자는 도심에 고도로 집중된 여러 기능이 자리 잡고 있어 기업 창업 및 이에 고용된 노동력에는 매력으로 작용한다는 것이다. 후자는 도심에서 창업한 기업은 생산 활동의 확대를 위해 초기 입지

지역에서 외부 지역으로 이동한다는 가설이다.

그러나 이들은 복잡 가설이 전적인 지지를 받을 수 없다고 생각했다. 즉, 도심에서 창업한 기업은 외부 지역에 재입지하기보다는 도심에 입지를 계속하는 경향이 있다는 것이다. 입지적 이점 때문에 외곽으로 이전하지 않고 그 자리에 계속 자리 잡는다고 생각했다.

더 나아가 근본적으로 아예 단순 가설도 의심하는 학자가 있다(Law, 1988). 도심 입지를 지향하는 제조업도 업종별로 제한적이라고 주장한다. 인쇄 및 출판, 의류 등 일부 업종을 제외하고 대부분의 제조업은 도심에 자리 잡는 것을 선호하지 않는다는 것이다. 도심에 입지하는 소규모 기업은 비일상적 · 비표준화된 재화를 생산하거나 기업 간 연계가 강한 업종에 한정된다는 것이다.

국지적 노동시장론(Local Labor Market Theory)

국지론 노동시장론은 도시 전체가 단일노동시장으로 기능하기보다는 노동자의 사회경제적 특성과 생산 활동의 특성에 따라 차별적이고 분화된 여러 노동시장이 혼재되어 있다고 전제한다. 그리고 도시 내에서 공간적으로 국지적 노동시장(local labor market)의 특성이 차별적으로 나타난다는 견해이다(Lever, 1991). 이에 따라 스콧(Scott)은 자본과 노동의 비율에 따라 중심지에서 주변부로의 분산 과정을 유형화하였다. 그래서 전문화된 노동 집약적 기업은 도심에, 자본 집약적 기업은 주변부로 이동한다고 보았다.

그리고 탈산업화와 이를 동반한 반도시화에 따라 도심에는 빈곤 인구나 실업인구와 장애인이 밀집하게 된다. 이를 적용하여 스콧(Scott)은 현대 도심에서 중요한 매력은 저임금·비숙련노동이며, 도심의 저소득층 거주지는 저임금 노동의 원천으로 이해하고 있다(Scott, 1981). 다시 말해, 도심의 저소득층 거주지에 거주하는 유색인종 이민자와 흑인들을 저임금으로 고용하려는 노동 집약적 성격의 공장들이 도심 또는 그 인근에 자리 잡는다는 것이다.

거래행태론(Transaction Behavior Theory)

경제학자 코스(R.H. Coase)는 거래행태를 실증적으로 확인한 사례연구를 통해, 도심에서의 거래행태는 공간적으로 근접해 있기 때문에 대면 접촉을 근간으로 하고 있다고 강조한다. 그리고 이런 대면 접촉을 통해 공동체적 연대와 제품의 질적 향상을 꾀

할 수 있다는 것이다(Coase, 1988).

소위 인쇄·출판업과 같은 '대면 접촉 지향' 업종(the communication-oriented industries)은 도심부이기 때문에 발생하는 여러 입지 불이익을 극복하고 있다는 주장이다. 그것은 이들 업종이 비표준적인 생산, 비표준적인 재료, 아이디어와 정보를 위해 사람들과의 접촉과 고객에 대한 개인적인 접촉의 필요를 특징으로 하기 때문이다(Chapman and Walker, 1991).

그런가 하면 의류와 같은 패션형 산업 역시 옷감의 질이나 색상 등이 제품의 질에 결정적인 요소로 작용하기 때문에 대면 접촉을 통한 확인만이 제품의 질적 수준을 보장해 준다는 것이다. 하지만 그것이 왜 굳이 도심이어야 하는가에 대해서는 의문이 남는다.

산업지구론(Industrial Districts Theory)

원래 마샬(Marshall)이 주장한 산업지구는 4가지의 특성으로 요약할 수 있는데(Marco Bellandi, 1989; 박삼옥, 1994), 산업의 국지화, 지구 내 기업 간의 분업, 경쟁과 협력의 조화, 지역사회의 기업 활동 분위기 등이 그것이다. 브루스코(Brusco)는 산업지구의 정의를 생산적 기반, 경쟁과 협력, 문화적 요인으로 구분해서 제시하기도 한다(Brusco, 1992).

이러한 산업지구 개념을 도심 제조업 입지에 적용해 보면, 도심 공장이 공간적 근접성을 확보하고 있어 네트워크적인 연계를 유지할 수 있는 최소한 조건을 확보하고 있다는 것이다. 또한 비공식적인 접촉을 통해 정보나 기술의 교환이 쉽다. 따라서 고정적인 거래 관계를 유지할 수 있으며 도심 공장의 공장주가 공장 기술자로 종사하다가 창업하는 것이 일반적인 창업 과정이다. 결국 도심부의 공장들이 산업지구로서의 속성과 이에 근거한 입지적 이익을 실현하고 있는 것으로 볼 수 있다는 것이다.

소기업 네트워크 생산 체계(Network Product system of Small Enterprises)

단일의 수직적 통합을 강조하는 전통적인 기업 체계와는 달리 다중 중심의 상호 의존적이고 유연성을 강조하는 네트워크 생산 체계는 매우 비용 효율적인 방법임에 틀림없다(Fuller-love · Thomas, 2004). 이때의 기업은 정보와 자원을 공유하고 공동 프로젝트를 수행하기 위해 협력한다. 정보와 노하우를 교환함으로써 네트워크는 중소기업 기업가가 비즈니스를 개선하는 데 중요한 도구가 될 수 있다.

기업 간 네트워크는 위험 분산, 상호적 학습과 조정, 정보 공유 등 장점과 더불어 거래비용의 절감을 통해 시스템 전체의 동태적 발전을 가져온다(김용창, 1998). 그러나 시장은 모든 사람에게 열려 있고, 참여자들 간에 이타적인 연대가 형성되어 있지 못하며 미래에 대한 보장도 없다는 불안정성이 내재되어 있다.

도심의 영세 공장은 네트워크 생산 체계가 가지는 경제적 이익을 향유하면서 도심 지역의 생산 체계를 장기적으로 공고화하여 왔다. 산업구조 변화 요구에 대응하여 위험 부담을 외부화하여 최소화면서 안정적 · 점진적 산업구조 변화에 대응해 나갈 수 있었다는 것이다.

언제부터 서울 도심에
공장이 들어섰을까?

현재 사람과 활동이 어딘가 자리 잡은 것에 가장 큰 영향을 미치는 것은 과거의 입지이다. 달리 말하면, 오늘날의 입지 패턴은 과거의 입지를 반영한 구체적인 의사 결정 결과라고 할 수 있다. 그러나 과거의 입지 패턴이나 이에 영향을 미쳤던 요인을 확인하는 일은 결코 쉬운 작업은 아니다. 주로 2차 자료를 이용한 추론 과정을 거쳐 조선 시대 서울 정도(定都) 이후부터 일제강점기를 거쳐 근대화 이후까지의 서울 도심 제조업의 입지 변화를 살펴보고자 한다.

조선 시대의 한성 도심 제조업

관청수공업에서 민간수공업으로

조선 시대 초기 수공업의 핵심은 관청수공업이었다. 관청수공업은 상당 부분이 전문화되어 경공장(京工匠), 즉 한양에서 일하는 장인이 130종 2,841명에 다다르고 있었다(손정목, 1975). 그러나 지속해서 발전을 거듭하던 민간수공업에 비해, 관청수공업은 오히려 점점 쇠퇴하여 갔다. 장인들이 잡다한 고역을 겪는 까닭에 관청수공업을 꺼렸기 때문이다. 관청에서는 하는 수 없이 개인수공업자인 사장인(私匠人)들로 그 결원을 메꿀 수밖에 없었다. 그리하여 15세기 초부터 수공업자들에 대해 번차제(番次制), 17세기 이후에는 대동법(大同法), 장인가포제(匠人價布制)가 실시되었다.

이로써 수공업자들도 장인세(匠人稅)만 부담하면 자유롭게 제품을 생산하고 판매할 수 있게 되었다. 이렇게 되자, 상인들의 관심을 끌게 되었고 상인들은 이들의 생산을 자기 지배하에 두려고 하였다. 돈 많은 상인들은 전문(錢文)을 대여하거나 생산자들의 물주(物主)가 되기도 하였으며, 원료와 공전(工錢)을 주어 생산물을 확보함으로써 선대제(先貸制)하에 두기도 하였다(송찬식, 1990).

개천(청계천) 주변의 수공업장

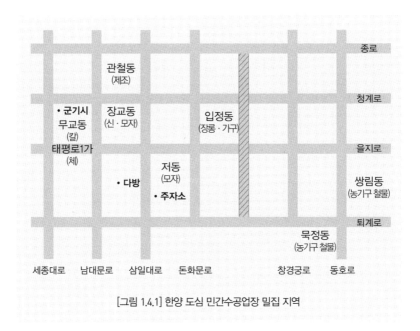

[그림 1.4.1] 한양 도심 민간수공업장 밀집 지역

그러나 이러한 사실(史實)로는 조선 시대 한양에서의 수공업장의 공간적 분포와 그 특성을 파악하기 어렵다. 또 미시적이고 구체적인 사료도 제대로 존재하지 않아 단편적인 자료를 엮어 추론해 보고자 한다.

당시 도심 내에는 궁궐과 관청가로 구성된 행정 기능과 각종 시전(市廛)과 육의전으로 구성된 상업 기능이 집적하여 있었다. 반면 제조 기능은 상당히 미약하였던 것으로 추정된다. 그러나 이런 취약한 제조 활동 중에도 오늘날 상점에 해당하는 시전이 있는 개천(청계천) 변의 광통방(廣通坊), 대평방(大平坊), 훈도방(薰陶坊) 주변과 칠패장이 열리고 있는 남대문 밖에서 주로 민간수공업자의 활동이 활발하였다.

이를 좀 더 구체적으로 보면 무교동의 도자동(刀子洞)에는 장도, 식도 등을 만드는 사람이 거주하였고 태평로 1가에는 체를 만드는 집이 많았다(서울특별시 중구, 1994). 오늘날의 입정동 일대에서는 장롱 및 마구, 장교동의 청계천 변 일대에서는 신이나 모자, 묵정동과 쌍림동에서는 주로 농기구 중심의 철물 제작 등이 활발하였다(최완기, 1994). 자세한 내용은 [그림 1.4.1]을 참조 바란다.

수공업장의 입지 이유

청계천 주변이 오늘날 서울 도심 제조업의 맹아가 되었다는 사실을 용인한다면, 그 당시에 제조 기능이 이곳에 자리 잡은 이유가 무엇일까. 수공업자가 사는 거주지, 생산품을 판매하는 시전, 그리고 주요 납품처가 되는 관아와의 관계를 통해 살펴보고자 한다.

우선 계층별 주거 지역 분포를 통해서 살펴보면, 당시 한성

주민들은 대체로 계층이나 직업에 따라 주거 지역을 달리하여 자리 잡고 살았다. 관리와 양반들은 종로구 계동, 가회동, 안국동 등 소위 북촌에 살았던 반면, 벼슬이 없고 몰락한 양반들은 지금의 중구 회현동, 필동 등의 남산 밑에서 살았다. 그리고 오늘날 청계천에 해당하는 개천(開川) 주변 일대는 중인 계층과 상인들이 거주하였는데(吉田光男, 1993), 청계천 주변은 큰비만 오면 으레 범람하는 열악한 주거 환경에 놓여 있기도 하였다.

한성의 주거 지역 분화가 이렇게 이루어진 주된 이유는 조정의 의도적인 기능(관아, 주거, 상업 등) 배치, 조선의 신분 계급제도의 영향, 조정의 품계에 따른 집터 배분 등에 있기는 하였으나, 일터에 대한 접근성을 고려하지 않았다고는 볼 수 없다. 오늘날과 달리 교통수단이 발달하지 않아 도보로 출퇴근해야 했던 시기에는 근무지 가까이에 집터를 마련하는 것이 편리했을 것이다.

또한 17세기 후반 이후에 계속되는 기근으로 전국의 유민이 한성으로 집중되었는데, 이들 유민은 경강(한강) 변이나 개천(청계천) 주변에 거주하면서 토목공사나 방역(坊役)에 품값을 받아 생계를 유지하였다. 이런 사실로 미루어 볼 때 청계천 일대에는 중인 이하 계층이 모여들고 유민들이 밀집하면서 이 지역 일대에 가내공업 성격의 공장이 자리 잡았을 개연성이 높다고 추측할 수 있다.

이런 추측은 『한성부 호적(漢城府 戶籍)』(1906년) 자료에서 오늘날 도심 영세 공장의 밀집 지역에 해당하는 정선방(貞善坊), 훈도방, 회현방(會賢坊)과 조달 기능 관청이 밀집했던 북서(北署)의 관광방(觀光坊), 순화방(順花坊), 후수방(侯秀坊)에 중인과 잡직(典醫, 守業, 員役, 畵題, 工人)이 각각 전체의 26.0%, 52.7%가 밀집하고 있다는 사실에 의해서도 뒷받침된다.

또 '보통 점포는 전후로 구분하여, 시가 쪽 부분에 상점을 진열하고 후부는 가족의 거소(居所)에 충당했다.', '각 상회는 특종의 권공장(勸工場)을 소유하되…'라는 1900년대의 보고서에 의해서도 뒷받침되고 있다(露國大藏省 農商務省 山林局, 1905). 다시 말하면 직주 근접은 물론 점포 내에 주거까지 자리 잡고 있었다는 역사적 사실에 근거하여 청계천 일대의 중인 이하 계층 거주지에 수공업장이 함께 있었을 가능성이 크다.

둘째, 시전과 민간수공업자와의 관계를 통해서 추론해 보는 일인데, 전술한 바와 같이 조선 시대 후반에 와서 수공업자들의 생산과 판매 겸업 현상과 상인들의 자본력에 의한 수공업자 지배 현상이 확대되어 갔다는 사실이다. 다시 말해 주로 관청수공업장에서 생산 활동에 종사하던 장인(匠人)들은 조선 시대 후기에 와서 그 제품의 민간 수요가 높아지자 개별적으로 시전을 개설하여 제조와 판매를 겸하기도 하였다. 이와 반대로 시전상인이 수공업을 통제하기 위해 수공업자들의 제품 판매를 저지하기도 하고 아예 원료를 사재거나 통제하기도 하였다(송찬식, 1990).

이와 같은 장인(匠人)의 상인 통제로부터의 이탈과 산업자본의 수공업 지배라는 두 가지 대립적 양상이 가속화되었다. 그러면서 상인과 수공업자 간의 치열한 경쟁은 조선 시대 후기에 거의 모든 생산 분야에 걸쳐 나타났다. 이 경우에 각 도가(都家)에는 각전(各廛) 취급 상품을 제조하는 공장이 부설되어 있었기 때문에 시전이 곧 작업장일 수밖에 없었다. 결국 시전 주변인 청계천 일대에 민간수공업장이 밀집하였을 것이라고 추론을 할 수 있다.

셋째, 관아 또는 관청수공업장과 시전과의 관계를 통해서 추측해 볼 수 있다. 예를 들어 종이를 판매하는 지전상인(紙廛商人)들의 자금이 조지서(造紙署)에 들어가서 조지서의 판매용 제지 규모를 확대하여 갔다. 이러다 보니 결국 조지서는 관청수공업장인 동시에 지전상인들을 위한 상품제조장이기도 하였다(서울특별시, 1978). 다른 사례를 보면 1807년에 서울을 거점으로 족보를 위조한 사건에서는 검거된 범인 15명 중에서 7명이 책장(冊匠)이며 1명은 주자(鑄字)까지 보유하고 있을 정도였다(조성윤, 1994). 그만큼 관청수공업장에 관여하는 장인(匠人)들이 시전이나 수공업장과 긴밀한 연계가 있는 것으로 확인된다.

출판 및 인쇄 기능을 관이 독점하던 시대에 그 기능을 담당했던 교서관(校書館)과 주자서(鑄字署)가 오늘날 중구 인현동과 주자동에 입지하고 있었다. 또 무기 관리를 맡아 보는 관아였던 군기시(軍器寺)가 오늘날 무교동에 자리 잡고 있었으며, 사옹원 소속으로 궁중의 다례를 주관하는 다방(茶房)이 있던 지역이 다동이었다. 이로 미루어 보면 이곳을 중심으로 관아와 시전과의 연계가 맺어졌을 것이라는 짐작을 가능하게 한다.

일제 강점기의 경성 도심 제조업

법령으로 제조업 입지 규제

일제 이전부터 이미 오늘날의 도심부에 자리 잡기 시작한 도심 제조업은 일제 강점기에 들어서도 입지적 관성이 계속되었다. 우선 일제 강점기의 경성 제조업의 공간적 분포부터 살펴보자. 전반적인 현상은 대체로 중소공장은 전체 경성 시내에 분포하지만, 대공장은 경성부의 서남부, 즉 용산 방면 및 한강 남쪽의 영등포 방면에 집중되어 있었다. 여기에 중소공장의 밀집도도 높아 경성의 공업지대를 형성하고 있었다고 할 수 있다(경성부, 1938).

그런데 일본 강점기 때의 제조업의 공간적 분포를 보다 구체적으로 이해하기 위해서는 제조업 입지에 구체적인 규제 역할을 담당했던 「조선시가지계획령 시행규칙」의 용도지역별 건축물 규제조항을 살펴볼 필요가 있다. 「시행규칙」 제96~98조의 규제조항은 위험물이나 폭발물 업종에 대한 전반적인 규제와 더불어 원동기 마력수의 합계를 기준으로 해서 용도별로 규제하는 것을 내용으로 담고 있다.

예를 들면 주거 지역에서는 공장에서 상시 사용하는 원동기의 마력수 합계가 3을 넘을 수 없으며, 상업 지역에서는 15를 넘을 수 없었다. 또 마력수 합계가 50이 넘는 공장은 공업 지역에만 자리 잡도록 허용되었다.

도심에 근대적 업종의 영세 공장 입지

그런데 『경성도시계획서』에는 용도지역별로 규제가 되는 공장의 명부가 삽입되어 있어 일제 강점기의 제조업의 업종별, 규모별 공간적 분포를 확인할 수 있다. 『경성도시계획서』에 기록되어 있는 원자료를 오늘날의 표준산업분류와 행정구역에 맞추어 조정하여 분석하여 보았다.

우선 총 470개의 공장 중에서 음식료품 및 담배 제조업이 138개소로 29.4%로 가장 높은 비율을 차지하고, 다음이 22.8%의 조립금속 제품, 기계와 장비 제조업이었다. 이들의 공간적 분포를 보면 중구에 모두 152개소 32.3%가 밀집되어 있어 중구가 가히 경성부의 공업 지역이라 하여도 손색이 없을 지경이다. 이를 경성부 전체(경성부 인접 면 포함)에서 중구가 차지하는 비율을 업종별로 보면, 종이·인쇄 및 출판업이 총 42개소 업체 중에서 29개소가 중구에 입지하고 있어 69.0%의 집중률을 보인다. 그 외에도 화합물, 석유, 석탄, 고무 및 플라스틱 제품 제조업과 목재 및 나무제품 제조업도 각각 51.4%와 48.1%를 차지해 반 이상의 집중도를 보인다.

이를 다시 규모별 공간적 분포 특성을 파악하기 위해 마력수 합계가 3을 넘지 않는 영세 공장의 비율과 분포를 살펴보았다.

영세 공장은 경성부 전체 공장 수의 44.3%인 208개소지만, 마력수 합계가 50을 넘는 대공장도 194개소 41.3%를 차지하고 있어 양극화 구조로 되어 있음을 알 수 있다. 중구도 경성부 전체의 경향과 크게 다르지 않으며 영세 공장이 경성부 전체의 평균보다 약간 높은 정도이다. 단지 경성부 전체나 중구 모두를 막론하고 업종별로 영세 공장의 비율이 큰 차이를 보여 주고 있다.

구(舊) 표준산업분류에 의한 31, 33, 34, 39에 해당하는 음식료, 목재 및 나무제품, 종이 및 인쇄, 기타 제조업은 영세 공장의 비율이 60% 이상이다. 반대로 35 화합물 및 플라스틱 제품, 36 비금속광물 제품 제조업은 대공장의 비율이 70% 이상을 차지하고 있어 대조를 이루고 있다. 그런데 마력수 기준에 의한 영세 공장 구분은 업종별 생산 과정과 작업 특성에 따라 왜곡될 수 있어서 이의 보완이 필요하다.

이를 보완할 기준으로 오늘날까지도 공장의 규모를 결정하는 중요한 지표가 되는 공장 면적을 채택하여 공간적 분포를 관찰해 보았다. 경성부 전체가 공장당 평균 면적이 544.6㎡인 반면에, 중구의 공장당 평균 면적은 234.9㎡로 경성부 전체에 비하면 2분의 1 수준이다. 중구의 업종별 평균 면적을 보면 섬유 및 의류 산업, 화합물 및 플라스틱 산업, 기계나 장비업, 기타 제조업은 경성부 전체보다 거의 3분의 1 수준이어서 이들 업종이 중구 내 공장의 영세화를 주도하고 있음을 알 수 있다. 다만, 『경성도시계획서』에서 확인되지 않았던 가내공장 수가 일반 공장 수의 거의 3배 수준이라는 연구 결과를 고려하면(경성부, 1937) 일반화하기에는 다수 무리가 있다고 할 수 있다.

제한된 자료로서 분석된 결과를 요약하면 다음과 같다. 일제 강점기의 공업은 새로운 기술에 의한 근대적인 업종이 주도적인 위치를 차지하게 되었으며, 종이 및 인쇄·출판업종, 화합물 및 플라스틱업종, 목재 및 나무업종 등이 중구에 밀집되어 있었다. 또 규모별 기준에서 보면 공간적 편차보다는 업종별 편차가 높아 업종별로 공장의 규모 차이가 많은 것으로 나타나지만, 공간적으로도 중구 내 공장의 규모가 경성부 전체와 비교해 대체로 2분의 1 수준 이하로 영세한 규모임이 확인되었다.

업무, 일본인 거주지와 직주 근접

이렇게 일제 강점기에 경성의 도심에 인쇄업과 같은 특정 업종이 밀집할 수 있게 된 것은 우선 인쇄물에 대한 수요처가 도심에 밀집하고 있었기 때문이라고 할 수 있다. 당시에 업무 기능이라고 하면 주로 은행과 같은 금융기관을 의미하는데, 은행은

[표 1.4.1] 경성부 및 중구 업종별 평균 공장 면적(단위: ㎡)

구 분	경 성 부	중 구
음식료품 제조	296.9	213.7
섬유 및 의복 산업	1020.2	268.3
목제 및 나무제품 제조	192.9	157.6
종이 및 인쇄 · 출판업	621.0	406.3
화합물 및 플라스틱 제조	322.7	98.1
비금속광물 제품 제조	879.0	377.2
제1차 금속 산업	0.0	0.0
조립금속 및 기계 제조	569.7	157.4
기타 제조	182.7	59.5
제조업	544.6	234.9

자료: 조선총독부 내무국 토목과(1930), 『경성도시계획서』, pp.62-91를 재정리

남대문로를 중심으로 해서 집적하게 되었다. 그것은 용산 방면
의 일본인 거주 지역으로부터 남대문로로 진출하려는 일본 상인
의 기도로 남대문로에 보세시장이 설치되면서 은행들의 남대문

로 입지가 촉발되었기 때문이다. 업무 기능이 남대문로를 중심으로 해서 입지함에 따라 그 업무를 지원하는 성격의 업종이 주변에 자리 잡게 되는 것은 자연스러운 현상이었다.

또 하나는 일본인 거주 밀집 지역과 근대공업의 입지와 관련지어 설명할 수 있다. 1935년에 도시의 남부 신흥 주거 지역에서 일본인 비율이 높을 뿐만 아니라 집중 주거 현상도 나타난다(이혜은, 1992). 그런데 동일 시기에 근대업종에 해당하는 인쇄업과 조립금속·기계 제조업에서 조선인이 차지하는 생산액 비율이 각각 10.2%와 11.8%에 불과한데, 이는 경성 제조업 전체에서 조선인이 차지하는 생산액 비율의 평균이 47.0%임을 고려하면 엄청나게 낮은 비율이다(경성상공회의소, 1935).

다시 말하면 그만큼 근대업종에서 일본인들이 차지하는 비율이 높다는 것을 의미하며, 그만큼 일본인들의 자본과 기술에 의해 지배되었음을 반영하는 것이다. 이것에서 일본인들이 직주 근접성을 고려하여 근대업종을 그들의 대량 진출지이자 거류 지역인 원효로, 용산, 남산 등에 근접하여 자리를 잡았을 것이라는 추정은 그리 어렵지 않다.

산업화 이후의 서울 도심 제조업

도심 제조업 증가 여전

일제로부터 해방된 후 한국 경제는 처음 30여 년 동안 산업화 과정을 밟아 왔다. 이런 산업화의 과정에서 서울을 포함한 수도권으로 인구 및 산업이 집중되어 다른 지역과의 불균등 문제가 극명하게 드러나기도 하였다. 그런데 1980년대에 들어서는 서울의 산업구조가 질적이고 구조적인 변화 양상을 보인다는 연구 결과가 많이 나오고 있다(한상진, 1994).

즉, 서울의 2차 산업의 고용은 이미 1980년에 들어서서 계속 상대적인 비중이 작아지고 있으며, 이런 공백이 서비스 경제화·정보화로 채워지면서 산업 재구조화 과정을 거쳐 이른바 3차 산업 중심의 산업구조로 재편되고 있다는 것이다. 그러나 이런 일반적인 추세에도 불구하고 서울 도심에서는 여전히 제조업의 업체 수가 증가하고 있으며 상대적 비중에서도 일정 수준을 유지하고 있었다.

서울 도심에서는 1981년부터 1991년에 이르는 10년 동안 종사자 수 기준으로 제조업이 104,752명에서 165,073명으로 57.6%가 증가하여 가장 높은 성장률을 보인다. 또 그 10년 동안 서울시 대비 도심 산업의 비중이 더욱 위축되는 경향 속에서도 제조업만이 1981년 14.5%에서 1991년 14.6%로 강보합세를 유지하고 있다(강우원, 1995).

그런데 도심에서도 제조업의 비중이 블록별로 큰 차이를 보여 주고 있다. 대림상가 좌우 블록, 신성상가 좌우 블록, 삼풍상가 좌측 블록에는 제조 활동의 비중이 60% 이상이다. 특히 대림상가 좌측 블록은 제조 활동이 72.9%나 차지하고 있어 가히 도심 속의 공단이라고 해도 과언이 아니다(서울특별시 중구, 1995).

그러나 이 지역은 불과 10년 전에 제조업의 비중이 20% 전후에 불과하였음을 상기해 보면 엄청난 제조업의 집중이 일어나고 있음을 알 수 있다. 다시 말하면 산업화 이후에 서울의 도심에는 제조업체들이 계속해서 늘어나고 있으며 그중에서도 특정 지역에 제조업의 밀집이 가중되고 있음을 알 수 있다.

소결

이상을 요약해서 정리해 보자. 조선 시대에서부터 계층별 거주 지역 분리, 시전과 수공업장과의 결합, 관청수공업장과의 근접성 유지 등에서 비롯된 수공업장의 밀집이 도심, 특히 중구에서 이루어지고 있음을 알 수 있다. 이러한 공장의 도심 밀집 양상은 일제 강점기에도 일본인들의 밀집 거주 지역과의 인접성, 업무 기능과의 근접성 등으로 강화되어 갔다. 그것도 단순히 제조업의 집중이 아니라 업종별, 규모별로 차별적인 집중이 일어났다고 할 수 있다.

산업화 이후에는 도심 영세제조업체들은 도심의 제 기능을 지원하는 서비스를 받을 수 있고, 주문업체의 확보와 종사자의 접근성 확보가 용이한 공간적 중심, 즉 도심부에로의 집중이 유지되고 있었다. 그런가 하면 도심 내에서도 특정 지역에 영세 공장이 집중되어 있었는데, 그것은 생산 연계망에 의존하는 생산 방식과 대면 접촉에 의한 거래로 인해 공간적으로 가까운 거리를 유지해야 할 필요성에 기인한 것이다.

결국 오늘날 도심부의 영세 공장입지는 과거 시간대에 발생했던 맹아의 현재적 내용을 담고 있으며, 역사성과 그 역사 과정 내에서의 상황성을 반영한 구체적인 공간적 표현이라고 요약할 수 있다.

2장

서울 을지로 도심 산업,
무엇으로 구성되어 있을까?

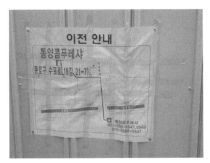

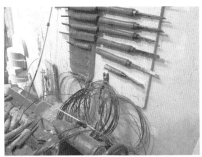

01

서울 을지로 도심 산업의
일반적 특성은 어떠한가?

그동안 도심 제조업의 산업 생태계 파악을 위해 다수의 연구
가 수행되었다. 거기에다 최근 추가적인 연구 조사를 수행하
게 되었다. 「세운 일대 산업 특성 조사」가 그것이다. 그 추가적
인 연구 이유는 첫째, 다시 한번 도심 제조업의 산업 특성을 확
인하고 둘째, 도심 제조업과 도심 판매 기능과의 산업 연계 및
네트워크 실태를 분석하며 셋째, 4차 산업 혁명 시대에 즈음하
여 신규 유입 업종과 전통제조업과의 공존 및 협업 실태, 그리
고 향후 발전 가능성을 타진해 보고자 한 것이다. 자세한 내용
은『세운 일대 산업 특성 조사 보고서』(서울특별시, 2020)를 참조 바
란다.

이를 위해 세운상가 양 측면의 재정비촉진지구 일대를 연구
의 공간적 범위로 정하였다. 업종은 인쇄 · 출판업종, 여타 제조
업종, 도소매 업종, 그리고 신규 유입 업종으로 크게 구분하고

설문 조사와 심층 면담 조사를 병행하여 실시하였다. 설문 조사의 목적은 도심 제조업의 업종 특성과 활동을 포괄적으로 이해하는 기초 자료를 확보하는 데 있었다. 심층 면담을 병행했던 것은 설문 조사를 통해 파악하기 어려운 경제 활동의 양태를 보다 심도 있게 파악하고 사업체들의 활동 유형을 정리하는 데 그 이유가 있다.

서울 을지로 도심 공장의 특성

도심 제조업을 인쇄·출판업종과 여타 제조업종으로 구분하여 그 특성을 파악하고자 한다. 인쇄·출판업종은 경인쇄, 스크린인쇄, 오프셋 인쇄, 제판 및 조판, 후가공이 해당하며, 여타 제조업종은 금속, 비금속, 전기/전자, 기계/장비, 섬유/의류, 가구/목재가 해당한다.

특화 제조 활동

인쇄·출판업종은 주로 종이 인쇄 관련 업종이 대부분이고, 고주파 인쇄나 그라비어(Gravure) 인쇄 등은 거의 없다. 같은 도심이지만 방산시장 주변에는 고주파 인쇄 등이 밀집해 있다. 방산시장은 포장재를 주로 거래하는 시장이므로 이를 지원하는 고주파 인쇄가 밀집해서 입지하고 있는 것이다. 요컨대 인쇄도 세부 업종별로 분산해서 자리 잡고 있다는 것을 알 수 있다. 그러면 여타 제조업종을 세부적으로 구분해 보면 주로 어떤 업종일까. 금속 및 비금속이 43.1%, 전기 전자가 36.2%, 기계 금속이 17.2%였다.

또 이들 업종을 다시 취급하는 기능 중심으로 살펴보면, 제조(생산) 기능이 60%로 대부분이다. 하지만 눈여겨볼 만한 것은 업종과 무관하게 기획 및 개발 기능이 20% 이상을 차지하고 있다는 점이다. 아이디어만 가지면 제조 기능의 도움을 받을 수 있는 생산 체계를 형성하고 있다는 시사점을 담고 있다.

규모의 영세성

도심 공장의 종사자 수는 평균 2명 내외이다. 업종별로 보면 인쇄 · 출판업종은 2.0명, 여타 제조업종은 2.1명이다. 공장주 한 사람에 종사자 1인이라고 보면 되겠다. 공장 면적도 인쇄 · 출판업종은 56.5㎡, 여타 제조업종은 39.3㎡로, 공장이 협소하다는 것을 알 수 있다.

하지만 하나의 사업장만 가지고 있는 것이 아니라 연계 사업장을 가진 공장도 다수 있었다. 전체 공장 중 4분의 1이 연계 사업장을 보유하고 있었다. 연계 사업장의 용도는 업종에 따라 다소 차이를 보여 준다. 인쇄·출판업종은 같은 제조 기능으로, 여타 제조업은 창고로 많이 이용하고 있다는 점에서 차이가 있다.

[표 2.1.1] 평균 종사자 수 및 평균 사업장 면적

	인쇄 · 출판	여타 제조
평균 종사자 수(명)	2.0	2.1
평균 사업장 면적(㎡)	56.5	39.3

그러면 이들 공장 건물이 공장주의 소유일까. 공장 건물의 점유 형태를 살펴보면 월세 형태가 98% 이상으로 거의 전부에 가깝다. 평균 월세 수준은 인쇄·출판업종은 평(3.3㎡)당 10.3만 원, 여타 제조업종은 평(3.3㎡)당 12.4만 원이었다. 월세 수준에 평균 공장 면적을 곱해서 공장별 평균 월세를 산출해 보면, 인쇄·출판업종은 176.3만 원, 여타 제조업종은 147.7만 원이다. 하지만 공인중개사를 만나 인터뷰한 결과에 의하면 수년째 그

이하 수준에서 동결되어 있었다고 한다. 다만 최근 재정비촉진 사업으로 인해 월세가 많이 상승하고 있다고 한다.

결국 도심에 입지하고 있는 공장은 규모나 점유 형태 면에서 영세성을 면치 못하고 있어, 도심 '영세 공장'이라고 표현해도 무방하다 할 수 있겠다.

고숙련 노동자

도심 공장의 공장주는 평균 연령이 50대 후반에다 경력도 30년 전후이다. 나머지 종사자들도 평균 연령이 50세 전후, 경력은 20년 전후였다. 그리고 종사자들이 보유하고 있는 기술은 종사자 70% 이상이 사업장에서 기술을 전수받았다고 답변하고 있다.

정리해 보면 도심 공장 종사자들은 기술 습득지는 주로 도심 공장이었으며, 20년 이상의 경력을 가진 고숙련 기술력을 보유하고 있는 것으로 확인되었다. 그래서 도심 공장에는 외국인노동자가 거의 없으며, 있다 하더라도 그 역할이 배달이나 지극히 단순 작업에 그치고 있다는 것이 면담 결과이다. 따라서 서울 을지로 도심 제조업 종사자들은 저임금에 의존하는 노동집약적 성격이라는 국지적 노동시장론과는 거리가 멀다고 할 수 있다.

높은 도심 창업률

서울 을지로 도심 공장의 창업 연도를 확인해 보았다. 최초의 창업 연도는 평균적으로 인쇄·출판업종이 1998년, 여타 제조업종이 1993년이었다. 현 위치에서의 개업 연도는 인쇄·출판업종이 2008년, 여타 제조업종이 2003년이었다. 최초 창업 연도를 기준으로 보면 업종에 따라 22~26년의 사업 경력을 유지하고 있었다.

참고로 1990년대에도 서울 을지로 도심에 입지하고 있는 영세 공장들은 도심에서의 창업률이 98.5%이었다(강우원, 1995). 이같이 도심에서의 높은 창업률과 높은 기술 습득지라는 점을 참작하면, 인큐베이터 가설 중 도심에 집중된 여러 기능이 창업에 매력으로 작용한다는 단순 가설은 설득력 있게 받아들여진다. 하지만 초기에 도심에서 창업했다가 외부 지역으로 이동한다는 복잡 가설은 수용하기 어렵다고 할 수 있다.

단일 공정 중심

각 공장이 취급하는 공정은 무엇이며 그 공정이 차지하는 비중은 얼마만큼 될까? 인쇄·출판업종은 70.6%가 단일 공정으로 전문화되어 있고, 여타 제조업종은 62.5%가 단일 공정으로 전문화되어 있다. 다시 말해 서울 을지로 도심 공장들은 단일 공정을 전문적으로 다루는 영세 또는 소규모 업체들이 많다고 할 수 있다.

도심 공장마다 주문하는 주요 업체 수를 확인하였더니 평균적으로 인쇄·출판업종은 105.2개소, 여타 제조업종은 189.9개소라 하고 있다. 이렇게 주문을 받아 다른 업체에 외주를 주는 업체 수는 평균적으로 인쇄·출판업종은 10.1개소, 여타 제조업종은 8.5개소이다. 주문하는 업체 수가 외주를 주는 업체 수보다 거의 10배 이상으로 많다. 수직적 주문하청 관계보다는 다양한 주문을 수용하며, 각 수요에 대응하는 네트워크형의 주문 및 생산 관계의 성격을 띠고 있다고 볼 수 있다.

특화된 제조업 클러스터

을지로 도심의 공장들이 곳곳에 질서 없이 산개된 형태를 띠고 있는 것 같지만 을지로 도심 공장은 관련 업종끼리 집적지, 즉 클러스터를 형성하고 있다. [그림 2.1.1]에서 보는 바와 같이 을지로 남측 4개 블록에는 인쇄·출판업종이 집적되어 있고, 을지로 북측으로는 기계·금속과 전기·전자 업종 등이 자리 잡고 있다.

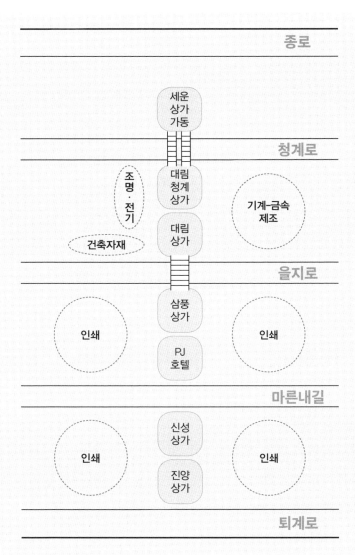

[그림 2.1.1] 서울 을지로 도심 제조업과 도심 도소매업 입지 현황

그것도 도소매업과 같은 판매상들이 가로변에 자리를 잡았지만, 도심 공장들은 주로 블록 내부에 자리 잡은 것이 특징이다. 가로변의 도소매업과 블록 내부의 제조업은 유사 관련 업종으로 연결되어 있다. 예를 들어 블록 내부의 제조업이 기계·금속업종이라면, 청계로 변의 판매업은 기계·금속재료 판매상인 것이다. 종로 변에 시계와 귀금속 판매상이 자리 잡고 있다면 블록 내부에는 시계 수리업종이나 보석 가공업이 입지하고 있다. 하나의 클러스터를 형성하며 가까운 거리에 입지하고 있는 이유는 판매와 제조 및 수리업종이 서로 밀접한 관련을 맺고 있기 때문이다.

수익률 악화

서울 을지로 도심 영세 공장의 공장주들이 피부로 느끼는 수익률은 비관적이다. 10년 전과 비교한 현재의 수익률은 인쇄·출판업종의 경우 '매우 하락'이 60.4%, '다소 하락'이 19.8%로, 80% 이상이 수익률이 하락했다고 답했다. 여타 제조업종은 그 비율이 각각 70.7%, 15.5%로 수익률이 떨어졌다고 답한다.

그렇다면 미래의 기대 수익률은 어떨까. 10년 후의 기대 수익률은 오히려 더 떨어질 것이라는 응답이 75% 이상이어서 장래도 어둡기만 하다. 결국 매출액은 늘어도 수익성은 비관적이다.

하지만 통계청 자료에 의하면 사업체당 연간 매출액은 제조업은 모두 증가하고 있는 것으로 나타났다(통계청, 2017). 재정비 촉진계획을 변경하는 과정에서의 조사이기에 현재의 어려움을 과도하게 호소하는 경향이 있어 비관적인 응답 비율이 높을 수 있다는 점을 고려할 필요가 있다.

서울 을지로 도심 도소매업의 특성

사실 도심 도소매업은 공간적으로 아주 광범위하게 분포하고 있다. 서울을 대표하는 동대문 일대의 여러 의류 시장, 남대문 일대의 잡화 시장뿐 아니라 중부시장, 광장시장 등 전통시장까지 포함한다. 종로 일대의 귀금속 상가도 포함될 수 있다. 이는 또 다른 연구 주제이며, 이미 많은 연구가 나와 있기도 하다(김범식 · 남기범 편, 2018). 이번에는 특정 재래시장에 속하지 않는 을지로 세운상가 주변의 상가에 한정하여 그 특성을 확인하고자 하였다.

특화 판매 활동

서울 을지로 도심의 도소매 업체가 취급하는 품목은 기계와 장비가 37.3%, 전기·전자 36.3%, 금속 및 비금속이 12.7% 이다. 이는 도심 제조업과 매우 유사한 품목을 담당하고 있다는 것을 보여 준다.

앞서 서울 을지로 도심의 영세 공장은 주로 블록 내부에 자리 잡은 것과 대조적으로 도심 도소매업은 가로변으로 자리 잡고 있다는 것을 확인했다. 결국 대규모 블록이 판매와 제조 기능이 결합한 거대한 생산 체계를 갖추고 있는 것으로 이해된다.

규모의 영세성

서울 을지로 도심 도소매 업체의 종사자 수는 평균 2.3명으로, 도심의 영세 공장과 별반 차이가 없다. 평균 사업장 면적에서는 판매업종이 오히려 더 협소하다. 도심 도소매업종의 평균 사업장 면적은 28.7㎡로, 도심 영세 공장보다 더 협소한 사업장 면적을 보여 준다.

하지만 연계 사업장을 가진 도소매 업체의 비율이 높다. 전체 도소매 업체의 38.2%가 연계 사업장을 가지고 있다고 응답했고, 그 용도는 주로 창고라고 응답했다. 사업장 면적 자체는 협소하나 유통 특성상 별도의 창고를 가지고 있는 것으로 확인되었다.

사업장의 점유 형태는 공장과 별반 차이가 없어 월세 비율이 90% 이상으로 월등했다. 하지만 평균 월세 수준에서는 큰 차이가 나타났다. 평균 월세 수준은 도소매 업체는 평(3.3㎡)당 27.9만 원으로 공장과 비교해 약 3배 정도의 높은 차이를 보여 주고 있다. 평균 사업장 면적을 곱해서 사업체별 평균 월세를 산출해 보면, 도심 도소매 업체의 평균 월세 수준은 242.7만 원이다. 을지로 도소매 업체는 가로변에 입지하고 있어 높은 단위 임대료를 부담해야 하지만 사업장 규모를 줄여서 비용 부담을 줄이고 있다고 할 수 있다.

고령 종사자

도심 도소매업에 종사하는 사업주의 평균 연령은 58.9세에다 평균 경력도 28.7세이다. 도심 영세 공장의 공장주와 별반 차이가 없이 고령이며 높은 경력 소유자이다. 나머지 종사자들도 도심 영세 공장의 종사자와 나이나 경력 면에서 큰 차이가 없었다.

높은 도심 창업률

도심 도소매 업체의 최초 창업 연도는 평균적으로 1994년, 현재 점포의 개업 연도는 2002년이었다. 20년 이상 전에 도심에서 창업하였고 도심에서 계속해서 영업 활동을 하고 있다. 이 점에서 도심 영세 공장과 창업 관련의 궤를 같이한다고 볼 수 있다.

수익률 악화

서울 을지로 도심의 도소매 업체도 제조업체와 마찬가지로 수익률은 비관적이다. 10년 전과 비교하여 현재의 수익률이 '매우 하락'했다는 응답이 65.7%, '다소 하락'이 19.6%로, 85% 이상이 수익률이 하락했다고 응답했다.

미래의 기대 수익률은 장밋빛일까. 10년 후의 기대 수익률은 오히려 더 떨어질 것이라는 응답이 81.4%로 미래도 어둡게 보았다.

서울 을지로 도심의 신규 유입 업종 특성

그동안 도심은 인쇄·출판, 기계 금속, 의류 등 전통제조업이 자리 잡고 있었다. 그런데 최근 세운상가 일대에 도시재생사업을 통한 각종 지원을 받거나 더러는 자발적으로, 새롭게 들어서기 시작한 업종들이 있다. 이를 신규 유입 업종으로 분류하였다. 신규 유입 업종은 통계청의 기술업종 분류 방식을 적용해서 보면, 지식 집약 정도가 높은 창의 및 디지털, ICT 업종, 그리고 전문 서비스 업종을 위주로 하여 광고, 디자인, 출판, IT/기술 개발, 문화예술에 속하는 업종이었다.

기획, 디자인 관련 업종

지금 서울 을지로 도심에 유입하는 구체적인 업종은 무엇일까? 기계와 장비, 전기 · 전자가 각각 8.0%로 기존 도심 제조업과 유사한 업종도 없지 않으나, 76.0%가 기타 업종으로 분류되었다. 기타 업종을 다시 더 세부적으로 살펴보면 디자인, 설계, 기획, 전문서비스 등으로 기존 제조 기능을 활용하거나 지원받을 수 있는 영역이라고 할 수 있다.

규모의 영세성

서울 을지로 도심의 신규 유입 업종의 종사자 수는 2.9명으로, 도심 전통제조업과 비교해 약 1명이 많다. 사업장 평균 면적은 인쇄 · 출판업종과 유사한 규모의 58.1㎡이다. 도심의 전통제조업에 비해 다소 그 규모가 크다고 할 수 있다.

대신 연계 사업장 보유 비율이 16.6%에 그치고 있어 20년 이상의 기존 도심 산업 생태계와 다소 다른 초기 창업의 특성을 보여 주고 있다.

정규 기술 교육을 받은 젊은 종사자

도심 신규 유입 업종의 사업주 평균 연령은 42.6세이며 평균 경력도 12.9년으로 가장 젊은 층이다. 사업주를 제외한 종사자도 평균 연령이 35.9세, 평균 경력이 7.7년으로 역시 젊은 층이다.

이들 종사자는 사업 현장에서 기술을 전수받았다는 비율이 35.4%에 그치고 있다. 대신 대학에서 기술을 습득했다는 비율이 31.2%로서 교육기관 등에서 정식으로 기술을 배웠다는 응답이 상대적으로 높았다.

낮은 정착률

도심 신규 유입 업종도 90% 이상이 월세 형태이지만, 평(3.3㎡)당 임대료 수준이 5만 원에 그치고 있어 임대료 부담이 가장 낮은 업종으로 분류되었다. 그 이유는 도시재생사업의 일환으로 〈세운 메이커스 큐브〉 등을 통해 공간 지원을 받는 업체가 포함되어 나타난 결과로 판단된다. 하지만 이런 부분이 나중에 도심 영세 공장의 종사자가 상대적으로 불이익을 받고 있거나 정책적으로 소외되고 있다는 불만으로 나타나기도 한다.

최초 창업 연도를 보면 평균 2012년이며 현 위치 개업 연도도 평균 2015년이다. 도심의 전통제조업과 10년 이상의 큰 차이를 보여 주고 있다.

높은 수익률

도심 제조업체와 도소매 업체와는 달리 도심 신규 유입 업종은 과거 10년간 수익률과 향후 10년 후 기대 수익률이 모두 긍정적이다. 10년 전과 비교한 수익률이 하락했다는 비율이 19.2%에 불과하고, 어느 정도 유지되고(38.3%) 있거나 다소나마 상승했다(42.6%)고 응답했다. 또 69.6%가 10년 후의 미래 기대 수익률도 매우 상승하거나 다소 상승할 것으로 기대하고 있어 장밋빛 미래를 꿈꾸고 있었다.

02

서울 을지로 도심 산업의
산업 활동은 어떻게 이루어지는가?

앞서 도심 개별 사업체의 규모, 인력, 수익률 등과 같은 일반적 특성을 살펴보았다. 이제 도심 산업의 산업 활동 특성을 살펴보고자 한다. 도심의 공장이나 가게들은 어디에서 주문을 받는지, 받은 주문은 어디에 외주를 주어 생산하거나 구매를 하고 있는지를 세밀하게 살펴보고자 한다. 또 도심에서 취급하기 어려운 공정은 없는지도 확인한다.

도심 제조업의 산업 활동 특성

주문업체의 광역성

앞서 도심 제조업은 단일 공정의 영세한 제조 기능 중심이라는 것을 확인하였다. 그러면 이들 업체에 누가 주문을 하고 누구에게 일부 생산공정을 부담시키는지를 확인해 보자.

먼저 이들 도심 영세 공장에 주문하는 주요 업체 수를 확인해 보았다. 인쇄·출판업종은 평균적으로 105.2개소, 여타 제조업종은 189.9개소였다. 기대했던 수보다 많아 다시 한번 엄밀하게 자료를 확인해 보았더니, 그중 8,000개소, 5,000개소인 사례가 포함되고 있어 통계가 왜곡될 소지가 있었다. 그래서 중윗값을 확인해 보니 인쇄·출판업종과 여타 제조업종 모두 20개소였다.

[표 2.2.1] 주요 주문업체 수

	인쇄·출판	여타 제조
평균	105.2개소	189.9개소
중윗값	20.0개소	20.0개소

그러면 주문하는 업체는 주로 어디에 있는 업체일까. 인쇄·출판업종은 업체 주변의 세운상가 일대에서 주문받는 비율이 38.4%였다. 그 외 서울 지역이 41.1%, 그 외 수도권이 13.2%로 주문업체가 광역적으로 입지하고 있음을 확인할 수 있었다.

여타 제조업종은 훨씬 더 광역적이다. 업체 주변의 세운상가 일대에서 주문받는 비율은 19.0%에 불과했다. 그 외 서울지역에서 주문받는 비율이 31.0%, 그 외 수도권이 30.0%, 그 외 지역이 15.9%로 주문업체의 공간적 범위가 훨씬 더 광역적이며 전국적이기도 하다.

외주 업체의 근린성

도심의 영세 공장이 주문받은 일감을 처리하는 과정에서 외주를 주는 업체 수는 얼마나 될까. 인쇄·출판업종은 평균적으로 10.1개소, 여타 제조업종은 8.5개소였다. 중윗값을 살펴보면 각각 6.0개소, 2.0개소였다.

그러면 주로 어디에 있는 업체에 외주를 줄까? 예상한 대로 인쇄·출판업종은 업체 주변의 세운상가 일대에서 주문을 처리하는 비율이 81.7로 절대적이다. 대부분의 인쇄 공정을 도심에서 처리한다는 의미이다. 도심 지역 내 완결성이 높다고 할 수 있다.

반면에 여타 제조업종은 업체 주변의 세운상가 일대에서 일감을 처리하는 비율이 41.8%에 그치고 있다. 그 외 서울 지역에서 일감을 처리한다는 비중이 30.0%, 그 외 수도권에서 일감

을 처리한다는 비중이 12.4%로 외부 지역에 의존하는 비중이
높다.

[표 2.2.2] 주요 외주 업체 수

	인쇄 · 출판	여타 제조
평균	10.1개소	8.5개소
중윗값	6.0개소	2.0개소

도심에서 해결 어려운 공정 존재

도심 공장이 을지로 도심에서 일감을 처리하는 비중이 낮은
이유가 있는 것은 아닐까? 혹시 해결하기 어려운 공정이 존재
하는 것이 아닐까? 확인 결과 역시 높은 비중으로 존재하고 있
었다.

도심에서 처리하기 어려운 공정이 있다고 응답한 비율이, 인
쇄 · 출판업종은 20% 정도에 그치고 있지만, 여타 제조업종은
반 이상이 그런 공정이 있다고 답했다. 인쇄 · 출판업종은 표지,
하드커버, 상자, 케이스 등이 그런 공정에 해당한다고 답했다.

그 비중이 높은 여타 제조업종은 훨씬 다양했다. 우선 도금,

도색, 열처리 공정은 공해 물질 배출로 인해 도심에 입지하는 것 자체가 어려워 외부 지역에 의존하고 있었다. 또 제작품의 규모나 부피가 크거나 신기술을 이용해야 해서 제작이 어려울 때도 외부에 의뢰하고 있었다. 그 외에도 을지로 도심에 존재하는 공정이라 하더라도 업무 포화로, 또는 단가 차이 때문에 외부에 위탁하는 예도 있다고 답했다.

도심 도소매업의 산업 활동 특성

이제 도심 도소매업의 산업 활동 특성을 알아보자. 도심 도소매 업체에 주문하는 주요 업체 수는 평균 31.3개소로 확인되었다. 하지만 최댓값이 400개소인 점을 고려하여, 중윗값을 살펴보면 10.0개소 정도였다.

그러면 도심 도소매 업체에 주문하는 업체의 지역별 비중은 어떨까? 도심 도소매 업체에 제품을 주문하는 업체는 도심 세운상가 일대가 46.5%, 그 외 서울 지역이 36.2%이다.

그렇다면 도심 도소매 업체가 구매 발주하는 업체 수는 얼마나 될까. 평균 13.5개소로 확인되었다. 도심 도소매 업체가 구매 발주를 주는 업체의 공간적 범위를 보면 도심 세운상가 일대가 21.2%, 그 외 서울 지역이 34.3%이다.

도심 도소매 업체에 판매 제품을 주문하는 업체는 상대적으로 도심 세운상가 일대에 자리 잡은 업체의 비중이 높다. 하지만 도심 도소매 업체가 판매 제품을 구매하는 곳은 공간적으로 편중된 곳이 많지 않다는 것을 알 수 있다. 도심 도소매 업체를 찾는 구매 고객 비중을 확인한 결과, 대량 납품 비중이 41.3%로 가장 높고, 그다음이 방문 고객으로 35.7%이다. 대면 접촉을 통한 방문 고객의 비중이 절대 작지 않다는 것을 확인할 수 있었다.

도심 신규 유입 업종의 산업 활동 특성

서울 을지로 도심 신규 유입 업종에 주문하는 주요 업체 수는 얼마나 될까? 평균적으로 29.8개소였으며 최댓값으로 인한 왜곡을 고려하여 중윗값을 확인하면 10.0개소로 확인되었다.

그런데 주요 주문업체의 공간적 범위가 가장 크게 광역적이다. 업체 인근의 세운상가 주변에서 주문하는 업체의 비중이

16.5%에 불과하다. 그 외 서울 지역이 55.5%, 그 외 수도권이 19.8% 등으로 광역적 시장을 보여 주고 있다.

그러면 주문받은 일감을 처리하는 데 도움이 되는 외주 업체 수는 얼마나 될까? 평균적으로 11.6개소이며 중윗값은 4.5개소이다.

도심 신규 유입 업종의 업체에서 외주를 주는 업체는 주로 어디에 있는 업체일까? 도심에 자리 잡은 만큼 업체 주변의 세운상가 일대에서 일감을 처리하는 비율이 높지 않을까. 예상대로 46.5%의 비중이었다. 그 외 서울 지역에서 처리하는 비중이 32.2%이다. 세운 일대 도심에서 주로 일감을 처리하고 일부를 서울 지역 내에서 해결한다고 보아도 무방하다고 할 수 있다.

그런데 이들에게도 도심에서 처리하기 어려운 공정이 존재할까? 반 이상이 존재한다고 응답하고 있다. 가장 먼저는 도심에서 처리 불가능한 공정은 전통제조업과 마찬가지로 공해 물질 배출 공정이거나 큰 오브제인 경우라고 하는 응답이 있다. 또 유통과 관련되었거나 특이하게도 성우를 섭외하는 것과 같은 특이한 공정도 있었다. 그 외에도 반도체라든지, IOT 센서와 같은 첨단 기술이 요구되는 경우도 존재했다.

그런 경우 불가능한 공정은 주로 어디에서 처리하게 될까. 그 외 서울 지역이 36.4%, 그 외 수도권 지역이 22.7%였으며 기타가 40.9%나 되었다. 기타로 응답한 업체에 대해 추가로 확인한 바에 의하면 중국 등 해외에서 의뢰하기도 하고, 인터넷이나 온라인 등을 이용하여 해당 공정을 처리하기도 한다. 최근의 경우에 인터넷을 통해 해당 공정을 주문 의뢰하는 경우가 많아지고 있다고 한다.

03

서울 을지로 도심 산업의 네트워크는
어떻게 형성되어 있을까?

도심에 자리 잡은 제조업과 도소매업, 그리고 신규 유입 업종
은 어떤 식으로 산업 네트워크를 형성하는 것일까. 협업이나 산업
네트워크를 업종별로 구분하여 연계 관계를 파악하고자 하였다.

도심 제조업과 도심 도소매업의 산업 연관

도심 영세 공장은 주요 재료 또는 원자재를 어디서 구매할까?
인쇄·출판업종은 도심 세운상가 일대에서 구매한다는 비중이
83.3%로 절대적이다. 반면에 여타 제조업종은 그 비중이 다소
떨어진다. 60.3%이다.

그러면 도심의 도소매업 입장에서는 도심 제조업과 어떤 연
관을 가지는 것일까? 주변 도심 제조업체에서 생산한 완제품을

판매한다는 응답이 4분의 1, 주변 도심 제조업체로부터 주문을 받아서 납품한다는 응답이 4분의 1, 그리고 판매하는 제품의 수리·조립·가공·설치를 의뢰한다는 응답이 4분의 1을 차지한다. 거의 거래하지 않는다는 응답도 17.6%가 있었지만, 일방적인 주문-하청 관계가 아닌 호혜적인 산업 연관 관계를 맺고 있음을 확인할 수 있다.

도심 제조업과 신규 유입 업종과의 산업 연관

소극적 협업의 도심 제조업

먼저 도심 제조업이 IT, 디자인, 문화예술 같은 신규 유입 업종과 협업한 경험이 있는지부터 확인하였다. 협업을 경험한 적이 있다는 응답률이 인쇄·출판업종은 24.0%, 여타 제조업종은 36.2%로 그 비중은 크게 높지 않았다. 그러나 아예 협업한 경험이 없다는 응답이 90% 이상이었던 서울연구원(2017)의 조사 결과와 비교하면 진일보한 셈이다.

그렇다면 협업을 경험한 방식은 어떤 식으로 이루어졌을까. 가장 높은 비율은 단순 주문 의뢰 및 납품 방식으로, 인쇄·출판업종은 61.5%, 여타 제조업종은 47.6%였다. 소극적 협업 방식에 크게 의존하고 있었다. 그다음으로 공동 기획 및 시제품 개발이 각각 23.8%, 15.4%였다.

이와 같은 협업을 시작하게 된 계기는 어떻게 마련되었는지를 확인해 보았다. 주로 신규 유입 업종 관련자가 의뢰해서 협업이 시작되었다는 응답이 반 정도 되었다. 인쇄·출판업종은 47.8%가, 여타 제조업종은 55.0%가 신규 유입 업종이 적극적인 의뢰로 시작하게 되었다고 답하고 있다. 그다음이 업계를 통한 소개로 시작되었다는 응답으로 각각 21.7%, 20.0%였다.

도심 제조업체가 생각하는 협업에 대한 평가는 어떨까. 일단 일이 들어오면 협업을 하겠다는 응답이 가장 높은 비율이다. 인쇄·출판업종은 44.4%, 여타 제조업종은 56.1%이다. 적극적으로 확대해 나가겠다는 응답이 20%대, 될 수 있으면 거래할 의향이 없다가 20%대로 도심 제조업체들은 다소 소극적인 입장이라고 할 수 있다.

적극적 협업의 신규 유입 업종

신규 유입 업종은 도심 제조업체와의 협업은 어떤 양상으로 진행되고 있는가. 먼저 신규 유입 업종이 도심 제조업, 도심 도소매업과 다른 신규 유입 업종과 협업한 경험이 있는지의 질문에 협업을 경험한 적이 있다는 응답률이 60.0%이다. 이는 도심 제조업체에 질문했을 때보다 2배 정도 높은 비중이다. 협업 방식은 기존 도심 제조업과는 달리 공동 기획 및 시제품 개발이 42.3%로 가장 높은 비율을 보여 주고 있다.

여기서 리빙랩(Living Lab)과 팹랩(FAB Lab)이 결합한 서울형 창업 및 창작 공간의 가능성을 확인할 수 있다. 리빙랩은 생활 공간 속의 실험실이라는 뜻으로, 삶의 현장 곳곳을 실험실로 삼아 다양한 아이디어를 실험하고 실현하는 현장을 말한다. 팹랩은 주요 첨단 장비를 갖추고 각종 아이디어를 직접 만드는 창작 활동을 할 수 있는 공간이다.

주문 의뢰 및 납품 방식이 34.6%로 그다음이다. 이 응답에는 신규 유입 업종과의 협업도 포함되므로 협업 경험과 방식에서 이를 고려할 필요가 있다.

그런데 도심 제조업과의 협업에 한정하여 협업을 시작하게 된 계기를 확인해 보았다. 신규 유입 업종과 관련 있는 관계자에게 제안하면서 시작되었다는 응답이 40.0%, 업계를 통한 소개로 시작했다는 응답이 28.0%이다. 바로 개별 업체의 제안으로 시작했다기보다는 관계자와 업계를 통한 소개를 통해 진행된다는 것이 특징이다. 앞으로도 협업을 위한 업계 관계자의 역할을 기대할 수 있겠다.

그뿐만 아니라 신규 유입 업종에서는 도심 제조업과 도심 도소매업, 그리고 신규 유입 업종과의 협업을 확대해 나가겠다는 응답이 50.0%로, 일이 들어오면 하겠다는 소극적인 입장까지 합치면 긍정적인 기대와 평가가 84.8%로 높다.

협업 활성화의 숙제

그래도 숙제는 있다. 도심 제조업은 신규 유입 업종과의 협업을 활발히 하기 위해서는 가장 먼저 꼽는 것이 정책 자금 및 지원책이었다. 인쇄·출판업종은 36.3%, 여타 제조업종은 34.0%였다. 그다음은 업종에 따라 다소 차이가 있었다. 인쇄·출판업종은 공감대를 가지는 프로그램이 필요하다고 응답했지만, 여타 제조업종은 기술에 대한 이해와 홍보가 26.4%로 그다음을 차지했다.

신규 유입 업종에서 가장 해결해야 할 과제는 28.9%의 기술에 대한 이해와 홍보였다. 서울시 산업진흥원(2015) 연구에서 확인했던, 배타적 문화 구조 문제가 여전히 커다란 걸림돌이 되고 있었다. 그다음이 24.4%의 정책 자금 및 지원책이었다. 협업 활성화의 숙제는 정책 자금 및 지원책도 필요하다. 하지만, 상대적으로 젊고 신기술로 장착한 신규 유입 업종과 숙련도에 의존한 기술력의 도심 제조업과의 소통 및 이해의 장이 더욱 필요한 것으로 결론지을 수 있다.

도심 도소매업과 신규 유입 업종의 산업 연관

도심 도소매업들이 IT, 디자인, 문화예술 같은 신규 유입 업종과 협업한 경험이 있는지를 확인하였더니 역시 도심 제조업과 유사한 비율로 협업 경험이 낮았다. 향후 신규 유입 업종과의 협업에 대해서도 '일이 들어오면 하겠다'는 응답이 62.6%, '적극적으로 확대해 나가겠다'는 응답이 21.2%이다. 도심 제조업과 유사하게 다소 소극적이지만 긍정적인 협력 의사를 보여 주고 있다.

신규 유입 업종 간 산업 연관

업계나 관계자에 의한 협업

IT, 디자인, 문화예술 같은 신규 유입 업종끼리 협업한 경험이 있는지를 확인해 보았다. 이들의 협업이 활발해지면 기존 도심 제조업에 미치는 영향력도 커질 수 있기 때문이다.

54.2%가 신규 유입 업종끼리의 협업 경험이 있다고 답변하였다. 협업의 계기는 업계를 통한 소개가 50.0%로 가장 높은 비중이다. 신규 유입 업종 관련자에게 제안해서 협업이 이루어졌다는 비중이 그다음이다. 아직은 개별 업체끼리의 활발한 협업이 이루어지기보다는 업계나 관련자의 제안이나 소개로 이루어지는 형태로 진행되고 있음을 확인할 수 있다.

높은 협업 활성화 기대

신규 유입 업종 간의 협업 결과에 대해 만족 정도를 확인해 보자. 적극적으로 확대해 나갈 생각이라는 응답이 47.9%, 일이 들어오면 하겠다는 응답이 41.7%였다. 긍정적이고 적극적인 평가가 90% 가까이 된다. 향후 기대가 되는 대목이다.

여기서도 앞으로의 숙제가 있지 않겠는가. 활발한 협업을 위해 필요한 것은 무엇인가에 대한 질문에 정책 자금 및 지원책이 37.5%로 가장 높고 기술에 대한 이해와 홍보가 25.0%로 그다

음을 차지했다. 역시 업종에 상관없이 협업 활성화를 위해서는
공공의 적극적인 지원이 필요하지만, 활발한 소통을 통한 이해
와 교류가 필요하다는 점도 강조되고 있다.

04

서울 을지로 도심 산업 활동을
유형화해 보면 어떨까?

이번 장에서는 설문 조사의 양적 자료와 심층 면접 조사의 질적 결과를 활용·정리하여 을지로 세운상가 주변 산업 생태계를 보다 구체적으로 유형화하였다. 이런 유형화를 시도한 이유는 무엇인가.

유형화의 목적은 첫째, 도심 제조업체의 다양한 경제 활동을 다시 전후방 산업 연계의 구체적인 속성, 연계 상품 및 서비스의 구체성 중심으로 세부적으로 엄밀하게 파악하기 위함이다. 여기서 이해를 돕기 위해 전후방 산업 연계를 설명하고자 하고자 한다. 어떤 한 산업이 여타 산업에 미치는 연계를 산업 연계(Industrial Linkage)라고 한다. 산업 연계는 전방 연계와 후방 연계로 구분할 수 있다.

먼저 전방 연계(Forward Linkage)는 한 산업의 생산물을 중간 투입

물로 사용하는 여타 산업과의 연계를 의미한다. 이를테면 철강은 자동차 산업이나 가전제품 산업 등에 중간재로 사용되는데, 이때 전방 연계가 있다고 한다. 그리고 후방 연계(Backward Linkage)는 어떤 한 산업에 투입될 중간 투입재를 생산하는 산업과의 연계를 의미한다. 철강 산업에서 철강을 생산하기 위해 철광석과 석탄 등을 원료로 구매하게 되는데, 이때 후방 연계가 있다고 한다.

둘째, 이런 유형화를 활용하여 제조업체의 경제 활동 양태의 장기적 변화상을 알아보기 위한 기초 자료로 활용하고자 하는 뜻도 있다. 마지막으로 현재 진행 중인 재정비촉진사업으로 이전을 요구받는 도심 제조업 관련 사업체의 대응을 해석하기 위해서이다.

최종 생산품의 종류 및 작업 공정에 따라 제조업 및 관련 경제 활동은 다양한 상세 분류로 구분할 수 있다. 본 분석 작업에서는 ① 인쇄를 포함한 제조, ② 제조업과 관련한 도소매 등의 유통, ③ 디자인 및 제품 개발, ④ 수리 및 서비스 등 4개의 부문으로 구분하였다. 다만 면담 조사 과정에서는 제조와 인쇄를 구분하여 진행하였다. 표준산업분류를 포함하여 일반적으로는 제조업이 인쇄업을 포함하는 상위 분류로서 취급되므로 본 분석에서는 인쇄 활동을 제조업의 일반적 유형 중의 하나로서 언급할 것이다.

제조 및 인쇄

제조 부문에서는 4개의 경제 활동 유형을 추출할 수 있다. 각 유형을 ① 시스템 제조, ② 상품 제조, ③ 맞춤 상품 제조, ④ 단일 제조 공정으로 구분하여 각 유형의 구성과 특징을 설명하면 아래와 같다.

시스템 제조

시스템 제조 유형은 필요한 기계 장비를 완성하고, 그것을 작동할 수 있게 하는 운용 소프트웨어를 제작하여 그 결합체를 의뢰자에게 납품하는 유형이다. 기계 장비의 결합과 그 장비에 일체화된(embedded) 시스템웨어 혹은 펌웨어 등을 동시에 개발하여 제작하는 것이다. 이는 단일 생산품보다 개발 및 기획 능력, 납품하는 시스템의 적정 설계에 대한 컨설팅 등 제조 관련 지식의 축적이 전제되어야 가능하다.

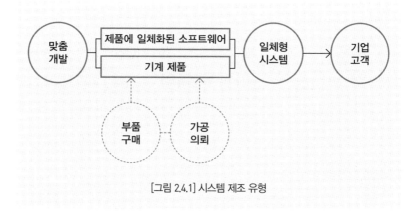

[그림 2.4.1] 시스템 제조 유형

    그래서 시스템 제조에 사용되는 부속품과 관련 자재의 구매
로 인해 연계 유발 효과가 상대적으로 높은 유형이다. 시스템에
포함될 부품과 재료의 구매, 부품 제작 가공 과정에서 도심에
자리 잡은 관련 업체의 비중이 클수록 도심 입지의 비용 절감 효
과가 클 것이다. 그러나 공정에 필요한 구매 연계가 깨질 경우,
전방 연계 효과가 크기 때문에 다른 유형보다 큰 충격이 발생할
가능성이 크고, 타 제조업으로 후방 연계 효과도 제조업 설비
투자의 수준에 영향을 받는다고 할 수 있다.

상품 제조

상품 제조 유형은 판매를 위한 완결된 제품을 기획하고 제작하는 일련의 과정을 진행하는 총괄적 제조 활동이라고 할 수 있다. 제조하는 상품은 소비의 유행과 수요에 민감하므로 주문량에 따라 상품 생산을 위한 작업량도 변할 수 있다. 따라서 제조 활동의 주체는 시장 전망, 기획 능력, 전체 공정의 조직 및 관리, 제작 실행을 위한 자금력 또는 신용 등 사업 능력을 보유한 주체가 되어야 한다.

생산품이 수요의 변동에 밀접하게 연결되는 상품일 경우 수요를 예측하기 쉬운 고차 중심지로서의 도심에 입지하는 것이 유리하다. 특히 최종 제품이 무엇이냐에 따라 매우 다양한 자재와 부품 구매, 가공 하도급 등 전방 연계가 클 수 있다. 그래서 사업 주체는 물론 연계된 도심 제조업에 대한 영향이 어떤 다른 유형보다 클 수 있다. 제품의 기획이 중요한 생산 동기가 되기 때

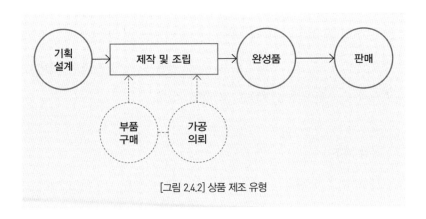

[그림 2.4.2] 상품 제조 유형

문에 상품의 기획·디자인·설계 과정에 신규 유입 업종과의 협력을 전략적으로 촉진할 수 있다. 면담 조사한 사업체가 제조하는 생산품의 예시는 전자 게임기, 지폐 교환기, 전광판 등이다.

맞춤 상품 제조

맞춤 상품 제조 유형은 상패·코인·간판 제작과 같이 일정 분야의 제품을 전문으로 하는 제조 활동으로서, 구매자의 주문 의뢰에 따라 주문량 혹은 소량의 생산품을 맞춤형으로 제작하는 유형이다. 일반적으로 제조업체는 완성품의 다양한 선택(크기, 단가, 재질, 가공의 정도)을 갖추고 있으며, 장기적으로는 고정적인 전방 연계 업체를 보유하고 있는 경우가 많다. 따라서 인쇄 골목과 같이 생산품 중심의 '클러스터' 혹은 '골목'을 형성하기 쉽다.

제작 의뢰에서부터 납품에 이르기까지 걸리는 시간을 줄이는 것이 제조업체의 수익이나 판매량 증진에 유리하다. 그 때문에 전체 공정에 참여하는 각 공정 제조자들과의 의사소통과 물류 이동의 비용을 줄일 수 있는 근접 입지의 효용성이 높다.

인쇄업은 생산품의 다양성에도 불구하고 제조 공정의 구성이 수 개로 고정된 특성 때문에 이 유형의 제조 활동으로 분류된다. 귀금속, 인쇄업의 경우와 같이 사전 제작 혹은 주문 의뢰의

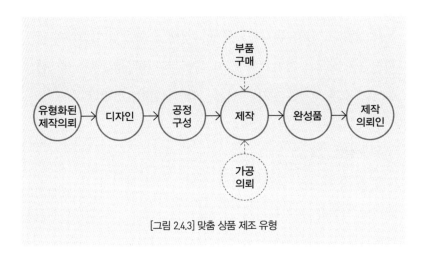

[그림 2.4.3] 맞춤 상품 제조 유형

선후가 바뀔 수 있는 것처럼 약간의 유형 변화가 있을 수 있다.

단일 제조 공정

단일 제조 공정 유형은 단일한 제조 공정을 위한 작업 기술을 보유하고 다른 생산품의 공정 중 일부 혹은 하나의 작업을 진행하는 유형에 해당한다. 대부분 전후방 연계의 다른 작업을 전제로 하고 있다. 작업의 유형이 상대적으로 단순해서 작업량에 따라서 동종 노동의 양적인 확장–축소를 위한 네트워크가 존재한다. 따라서 동종 업종과는 경쟁 및 협력이 동시에 존재하는 양면성을 가지고 있다.

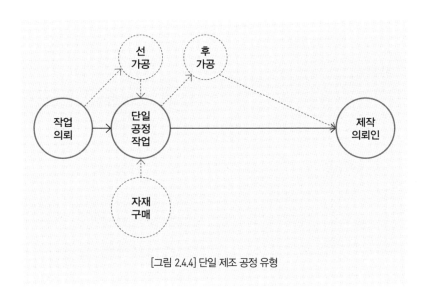

[그림 2.4.4] 단일 제조 공정 유형

생산품 제조 공정에서 선반 가공, 주물 등과 같이 공통적이고 보편적인 기초 공정일수록 독립적인 제작 공정의 사업체로 존재할 가능성이 크다. 다양한 생산품의 제작에 활용할 수 있으므로 단일 사업체로 독립하면 다양한 주문을 확보하는 것에 유리할 수 있기 때문이다. 따라서 다양한 제품 제작의 수요가 집중되는 고차 중심지에 집적하는 것이 사업체로서는 유리한 전략이다.

다만 작업 수요에 의존성이 강하기 때문에 입지 이전으로 인한 불확실성과 위험에 가장 취약한 경우라 할 수 있다. 이 유형은 비단 금속가공 부문에 국한되지 않고, 디자인, 칠, 삽화 등 제조와 관련된 모든 기초 공정의 단일 사업체가 이 유형으로 분류된다.

도소매업

유통으로 분류되는 도소매업 부문은 제조 활동과의 관계에 따라 ① 단순 유통, ② 서비스 및 콘텐츠 결합 유통, ③ 제품 정보 결합 유통, ④ 제조 활동 유발 유통 등의 4가지로 구분된다. 각 유형의 특징은 아래와 같다.

단순 유통

단순 유통 유형은 제품의 매입 및 유통만을 담당하는 도소매 업체의 활동에 해당하며, 서울 도심의 중심성을 이용하여 '총판 대리점'과 같은 독과점 유통을 지향한다. 완성품 제조를 제외한 다른 유형의 전후방 제조업 연계성은 매우 약하다. 따라서 입지에 대한 고착성도 상대적으로 가장 약한 편이다. 면담 조사에서 입지 이전에 대한 저항보다 조업 차량 주차, 화장실 등 환경 개선에 대한 기대가 더 컸다.

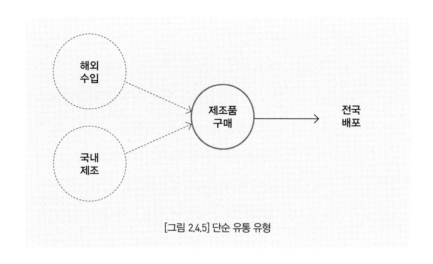

[그림 2.4.5] 단순 유통 유형

    수요에 따라 국내 제품과 해외 수입품 등 구매품의 생산지를 다양하게 구성하며, 취급품의 품질 및 단가 구성에 따라 유통하는 생산품의 종류를 다변화할 동기도 분명하다.

    고차 중심지인 도심 입지는 다양한 제품과 제품의 가공품들을 근거리에서 쉽게 구매 가능케 하며, 유통 상품에 대한 시장 정보에도 쉽게 접근 가능케 하는 장점이 있다. 서울 도심은 유통되는 상품의 전국적인 유통에 유리한 중심성을 제공한다. 국내 제조, 특히 도심 제조업 생산품의 구매 품목이 다양할수록 입지로 인한 전방 연계 효과가 크다고 할 수 있다.

서비스 및 콘텐츠 결합 유통

서비스 및 콘텐츠 결합 유통 유형은 게임기, 노래방 기기처럼 유통하는 상품에 소프트웨어나 콘텐츠가 필수적인 제품의 도소매 활동이 해당한다. 완성품으로서 제품의 판매로 사업체의 활동이 완료되지 않고 제품의 사용자에게 최신 콘텐츠를 지속해서 공급하는 것이 주요한 이익 창출원이다. 그래서 제품 리스, 수리, 복제 및 유사품 개발 등 다양한 영역으로 확장할 수 있다.

이 유형은 제공되는 서비스와 콘텐츠에 따라 3가지 정도의 하위 유형으로 구분할 수도 있다. 첫째는 판매 계약된 제품의 배

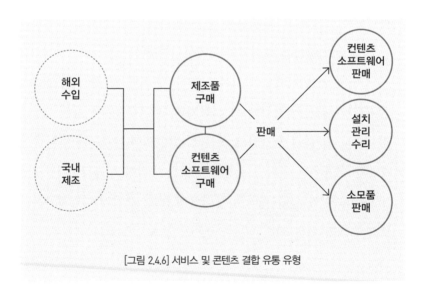

[그림 2.4.6] 서비스 및 콘텐츠 결합 유통 유형

송, 출장 설치, 관리, 소모품 판매 등의 복합 상품 유형, 둘째는 판매된 제품 중 이상이 발생한 제품의 A/S 및 수리 서비스 제공 유형, 셋째는 오래된 제품의 수거 및 중고품 매입, 신상품 공급 등이다. 이 유형은 제조업 유형 분류 중 '상품 제조' 유형과 연계 될 수 있다. 제품은 기계 제조뿐만 아니라, 디스플레이, 전자·전기 제조, 디자인 등 다양한 전방 연계 공정을 가질 수 있다.

특히 여타 유형과 다른 점은 콘텐츠를 만들어 내는 게임, 영상, 방송, 오락 및 엔터테인먼트 등의 창의 산업 혹은 문화 산업과 직결되어 있어 제조업 및 유통업 외 산업 부문의 생산에도 연관되어 있다고 할 수 있다.

제품 정보 결합 유통

제품 정보 결합 유통 유형은 기존의 분류상으로는 전통적인 의미의 도매업에 해당한다. 하지만 제조업 관련 전문 기술 부품의 유통이라는 특성을 중시하여 설명하면 제품 정보와 제품이 결합한 유통이라고 해석하는 것이 타당하다.

전방 연계의 특징은 구매하는 제품이 산업용 반도체처럼 전문 분야의 단일 품목이지만 구체적인 제품의 종류는 매우 다양할 수 있다는 것이다. 유통하는 제품의 수량보다는 다양한 종류

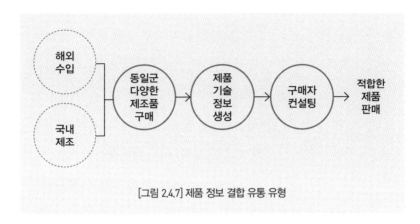

[그림 2.4.7] 제품 정보 결합 유통 유형

가 경쟁력의 핵심이라 할 수 있다. 따라서 다변화된 해외 수입, 국내 제조 등을 망라하여 내실 있는 제품의 종류를 갖추어야 한다. 더불어 제품에 대해 세밀하고 전문적인 기술 지식과 정보가 축적·결합하여야 더욱 강력한 경쟁력을 확보하게 된다.

전문성을 갖춘 다양한 구매자층을 상대하게 된다. 따라서 축적된 기술 정보를 바탕으로 구매자의 수요가 가진 기술적·경제적 조건 등을 파악하고 그에 적합한 제품을 추천 판매하는 것이 이상적인 유형이다. 사업체가 단일 장소의 독립형보다는 여러 장소에서 복수의 지점, 혹은 분점을 둔 네트워크 형태를 유지할 가능성이 크다.

제조 활동 유발 유통

제조 활동 유발 유통 유형은 타일, 도기, 건축 자재 등 특정한 제품 부문에 대해 다양한 형태 또는 디자인의 제품을 유통하며, 때에 따라서는 대량의 제품 구매자를 위해 제품 공장에 대량 제조를 직접 주문할 수 있다.

이 유형은 디자인과 형태가 다양한 제품 구색을 갖추는 것, 단일 제품이라도 거래처 확대로 규모를 늘려 단가를 낮추는 것, 구매자가 원하는 물량을 적시에 공급할 수 있도록 하는 것 등이 사업체의 기본 전략이 된다. 따라서 제품의 다양성과 규모 경제의 이점은 전방 연계, 후방 연계 모두를 확대하기 쉬운 고차 중심지에 있는 것이 유리하다. 을지로를 중심으로 한 서울 도심은 그 장점을 구축하고 있다고 할 수 있다. 제품의 전시를 최대한 효과적으로 하기 위한 공간 구성을 갖추고 있다. 또 적시에 구매 가능한 소량의 제품들을 보관하기 위한 창고, 구매자에게 제품을 배송하기 위한 운송망 등과 연결된다.

주요한 제조 공정이 도심에 있지 않은 경우가 많으며, 사업체의 도심 입지는 제품 정보, 구매자 연계 등의 측면에서 주요한 장점이 있다. 면담 조사 사례의 경우 전형적인 유통에만 한정되고 새로운 디자인 개발에 대한 동기는 볼 수 없다. 그러나 이 유형이 가진 강력한 전후방 연계의 특징은 새로운 수요와 제조를

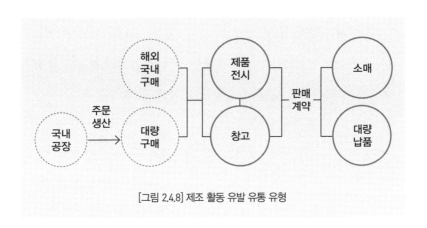

[그림 2.4.8] 제조 활동 유발 유통 유형

동시에 견인할 수 있는 구조를 가진다. 그러기 위해서는 다양한 디자인 수요 정보를 쉽게 입수할 수 있는 위치, 확보된 주문 제조 과정의 장점을 살려 디자인 개발 과정이 보완되어야 한다.

디자인 및 제품 개발

디자인 및 제품 개발 유형은 협소한 의미의 디자인 외에 제품 전반에 대한 기획 기능이라는 광의의 의미로서 디자인 및 제품 개발을 하나의 분류로써 묶을 수 있다. ① 단일 기능 디자인, ② 제조업체 의존형/협력형 기획 디자인, ③ 제조 총괄 기획 디자인 등의 세부 유형으로 아래와 같이 나눌 수 있다.

단일 기능 디자인

단일 기능 디자인 유형은 삽화, 상표, 포장 등 2D 및 3D 디자인 결과물에 대한 의뢰를 받아 디자인 결과물만 생산하는 단일한 작업으로, 제조 관련 공정 전체 중 일부가 된다. 기능 담당자는 순수한 문화예술 작업자와 경계가 모호하다. 한편으로는 본인 고유의 작업을 수행하면서 또 한편으로는 제조업 관련 공정의 일부를 맡아 병행하기도 한다. 지자체의 정책적 지원에 힘입어 서울 도심에 입주하는 사례도 점차 많아지고 있다.

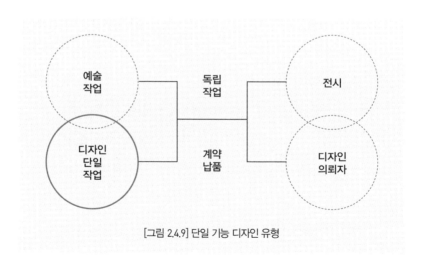

[그림 2.4.9] 단일 기능 디자인 유형

디자인 의뢰가 있으면 작업이 이루어지는 수동적인 사례도 있으나, 단일 디자인 작업에 머무르지 않고 변화의 가능성도 기대된다. 사업체 내부의 활동은 단일한 기능이지만, 다양한 제조 과정에 연계가 수월하고, 특정한 영역 내로 한정되지 않은 독립성과 유연성을 가진다. 새로운 제품의 기획에 필요한 요소로서 제조업 관련 기획 기능으로 성장도 가능하다.

제조업체 의존형/협력형 기획 디자인

제조업체 의존형/협력 기획 디자인 유형은 새로운 상품 아이디어를 발굴하고 완성품으로 제품화하는 과정 전체를 진행하는 디자인 중심의 제작 기획 사업체가 해당한다. 스타트업, 메이커 기업 등의 사례가 있다. 그런데 제조 과정이나 기술, 가공 방법, 재료 등에 대한 지식의 보유 수준에 따라 의존형, 협력형으로 구분할 수 있다.

먼저 의존형은 공정과 가공에 관한 지식이 얕은 경우로서, 제조 공정의 기획 능력을 갖추지 못한 경우이다. 디자인 업체는 실제 제품을 구체화하는 과정에 필요한 기술 지식을 제품 제조 공정에 참여할 제조업체의 탐색, 기술 해법의 결정, 그에 따른 디자인 개발 및 수정 등을 제조업체에 의존한다. 반면에 협력형은

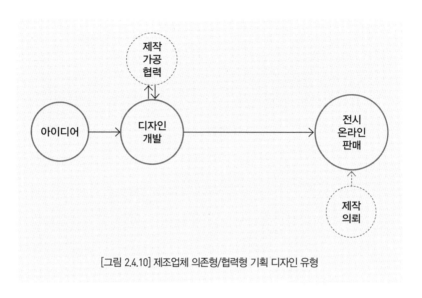

[그림 2.4.10] 제조업체 의존형/협력형 기획 디자인 유형

어느 정도의 기술 정보를 습득한 상태로서 제조업체와 대등한 수준의 협상력을 가지게 되므로 상대적으로 디자인 개발의 독자 능력을 갖춘 상태라고 할 수 있다. 도심은 이 유형에게는 이용 가능한 제조 공정 기술 서비스의 집합(pool)이라고 할 수 있다.

의존형/협력형 어느 유형이든 디자인 업체와 제조업체 사이에는 지식과 정보의 흐름, 학습 과정이 동반된다. 따라서 이들 사이에 긴밀한 기술 정보 소통에 필요한 기반이 갖추어져야 한다. 도심은 그러한 기반을 쉽게 제공할 수 있는 다수의 다양한 제조 공정 환경을 제공하고, 특별한 기회비용을 들이지 않아도 상시로 기술 정보 소통이 이루어지는 근접성을 제공한다.

제조 총괄 기획 디자인

제조 총괄 기획 디자인 유형은 최종 완성품의 디자인과 성능, 제조 과정 구성에 대한 지식 기반을 모두 포함한 제조 총괄 기획을 담당하는 유형이다. 독자적으로 완성품 제조를 위한 공정 구성 능력이 있어야 하며, 서울 도심에 있는 제조 및 유통업체만으로 국한되지 않고 해외의 제조 및 유통업체까지 확장이 가능한 자유도를 가진다.

후방 연계에 해당하는 구매자 또는 수요자에게는 아이디어를 활용한 디자인으로 개발하고 완성품 생산까지 종합적인 서비스를 제공하기 때문에 시장성이 높다고 할 수 있다. 또 전방 연계는 다양한 디자인부터 품질, 제조 공정의 기획과 실행에 이르는 전 과정을 동원할 수 있어 생산 유발 효과가 큰 경우라 할 수 있다. 제품 완성 이후에는 제품의 대량 생산을 직접 수행하기보다는, 제품 디자인과 제조 공정을 기획할 수 있는 지식 서비스가 경쟁력의 원천이라 할 수 있다.

서울 도심 입지는 이 유형의 사업체에 다양한 제조 공정을 이용하게 할 수 있다는 장점이 있다. 그러나 이 유형 자체는 각 제

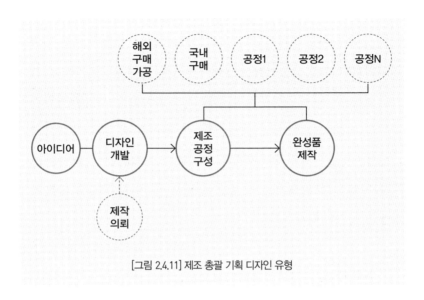

[그림 2.4.11] 제조 총괄 기획 디자인 유형

조 공정에 구속이 되지 않는 독립성을 가지므로 장소에 고착되지 않은 휘발성이 있다. 장기적으로는 서울 도심에서 이러한 유형의 사업체가 많아지는 것이 도심 제조업의 지속성과 지식 산업화를 위한 바람직한 정책의 방향일 것으로 기대된다.

수리 및 서비스

수리 및 서비스 유형은 제품을 직접 다루는지, 그렇지 않은지로 구분되기도 하지만, 두 가지 모두 특정한 제품을 위한 기술 서비스가 핵심 상품이라는 점에서 공통된 성격을 갖춘다. ① 제 기능을 못 하는 완성품의 기능을 되살리는 수리 작업군, ② 전 문적 기술 중심의 작업을 제공하는 기술 서비스, ③ 제품을 생산할 수 있는 공정을 기획하고 조직하는 제조 공정 기획 서비스 등의 세 가지 유형으로 정리할 수 있으며, 각 유형의 내용과 특징은 아래와 같다.

수리 작업군

수리 작업군 유형은 기능상에 문제가 있거나 마모 정도가 심한 완성품을 완전한 기능으로 회복하거나 새 부품을 교체하는 작업 유형이다. 새 완제품을 사는 것보다 수리 비용이 훨씬 저렴한 기계, 오디오 등 고가의 제품을 취급하는 수리 유형의 사업체가 존재한다. 중고 제품을 다루는 판매점에서 의뢰하거나 문제가 발생한 완제품의 소비자가 판매점이나 수리 업체에 직접 의뢰하면서 수리 작업이 시작된다. 이때 일차 수리 업체는 대체할 부품의 가공을 다른 제작 공정 사업체에 제작 의뢰하기도 한다.

제품을 직접 생산하지는 않더라도 수리 작업은 완제품 전반에 대한 기술 지식을 갖추어야 가능한 작업이므로 기술 서비스

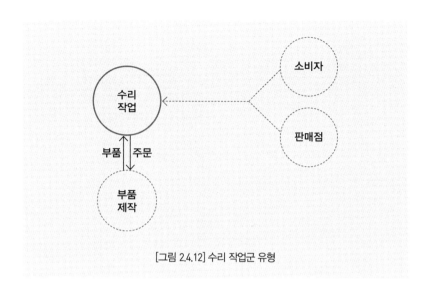

[그림 2.4.12] 수리 작업군 유형

의 일종으로 볼 수 있다. 중고 시장이나 기존 완제품 판매점과의 연계가 중요하고 다루는 완제품의 부품이 고정적이기 때문에 상대적으로 안정적인 전후방 연계를 가진다고 할 수 있다.

기술 서비스

기술 서비스 유형은 최종 완성품을 만들어 가는 과정의 기술 중심 지식을 실행하는 서비스 자체가 생산물이라 할 수 있다. 제조 활동 본연의 목적보다 디자인 및 예술 작업의 구상을 구체적 사물로 실현하는 과정으로서, 디자인과 예술 활동의 기반이 되는 기술 서비스이다. 미디어아트 등의 예술 작품 제작 활동과

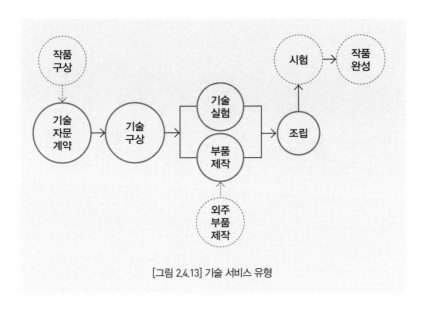

[그림 2.4.13] 기술 서비스 유형

결합한 기술자의 활동이 그 구체적인 예라고 할 수 있다.

서비스 과정은 의뢰자의 의도에 따라 이해하고 확인하는 학습 과정, 완성품의 기술적 해법을 개발하는 과정, 완성품의 최종 디자인이나 부품의 형태를 구성하는 디자인 과정 등으로 연결된다. 일련의 복합적인 긴 과정으로 진행되는 예도 있고, 예술 작품 일부를 위해 단일 부품을 가공하는 등의 다양한 양상이 존재한다. 완성도가 높은 제조 기술 보유자들이어야만 가능한 유형이기 때문에 다른 유형에 비해 소수이다. 전후방 연계 측면에서도 도심 입지가 절대적인 조건이 되지 않는다. 일련의 활동

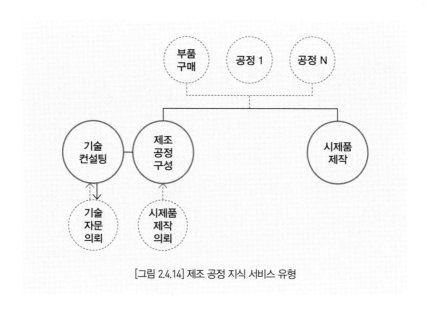

[그림 2.4.14] 제조 공정 지식 서비스 유형

을 통해 기술 서비스 의뢰자와 공동의 작업이라 할 수 있다.

제조 공정 기획 서비스

제조 공정 기획 서비스 유형은 완성품을 직접 제작하는 것보다는 의뢰자가 자체 완성품을 제작하는 과정에 필요한 지식 서비스를 제공하는 것, 즉 기술 컨설팅이 중심이 되는 활동이다. 다만 의뢰가 있으면 제한적으로 시제품 제작 활동도 겸한다. 앞서 디자인 및 제품 개발 부문에서 설명한 제조 총괄 기획 디자인과 활동이 겹치는 부분이 있으나, 그보다는 기술 컨설팅이 주요한 활동이다. 그 외 보조적인 작업으로서 컨설팅 내용을 확인해 주는 시제품 제작의 활동을 병행한다.

면담 사례 중 가장 고차화된 제조에 관한 전문 지식 서비스업으로서 제작 공정을 담당하는 제조업체와의 관계에서 독립적이고 협상력에서 우위에 있다고 볼 수 있다. 따라서 서울 도심 입지를 고수하지 않고 해외 도시를 탐색할 만큼 장소 고착적이지 않고 휘발성도 강하다. 이 유형의 활동은 소수이지만 다른 제조업 관련 활동을 견인하는 동력이 될 수 있다.

3장

도심 산업의 어려움,
어떻게 해결할 수 있을까?

을지로 골목골목에
숨겨진 곳들을 탐험하는 여행

01

서울시는 을지로 도심 산업에 대해
어떤 정책으로 대응해 왔는가?

도심의 영세 공장은 오랜 역사성을 가지고 있으며, 네트워크 생산 체제와 여타 업종과의 밀접한 산업 연계를 맺고 있는 것으로 확인되었다. 새로운 신규 유입 업종과의 연계 가능성도 기대할 수 있었다. 그렇다면 그동안 도심 정책의 주체인 서울시는 을지 도심 산업에 대해 어떤 인식으로, 여하한 정책으로 대응해 왔는가.

도심 제조업 지역에 대한 공간 법제

일제 강점기에 제대로 정비되지 못했던 도심은 한국전쟁 이후 2차례에 걸친 토지구획정리사업을 통해 조선조부터 내려오던 필지와 가로망이 정리되었다. 그리고 이후에는 도심 재개발

사업에 의해 도심 공간은 정비되어 갔다. 도심 재개발사업은 주로 대자본에 의해 추진되었는데 효율적인 업무 공간으로 재탄생하였다.

이와 더불어 1977년에 제1 무임소장관실에서 수립한 「수도권 인구재배치계획」에서 도심 공장을 도심 부적격 시설로 결정하고 이들의 분산을 시도하였다. 학교, 터미널, 자동차 관련 시설, 제조업체가 도심 부적격 시설에 해당하고, 불광동·마장동 터미널, 답십리 자동차 부품단지 등이 이 계획의 결과물이다. 그럼에도 을지로와 청계천 변에 도심 부적격 시설은 여전히 남아 있어 계획의 실효성에 크게 의문이 남게 된다.

이후 법제가 강화되었고 1983년에는 「수도권정비계획법」이 제정되어 수도권에서 공장의 신·증설을 규제하는 수도권 공장 총량 규제를 도입한다. 1991년에는 「공업 배치 및 공장 설립에 관한 법률」을 제정하여 일정한 규모 이상만 공장 등록을 받아 관리함으로써 많은 무등록 공장을 양산하는 결과를 초래하기도 했다.

현재에 이르러 「산업 집적 활성화 및 공장 설립에 관한 법률」에 의하면, 환경 관련 시설을 설치하지도 않아도 되는 공장과 첨단 산업 관련 업종의 공장을 도시형 공장이라 개념 정의하고 있다. 그리고 500㎡ 규모 이내의 이 도시형 공장을 근린생활시설로 분류하여 도심 대부분을 차지하는 일반상업지역에서 입지할 수 있도록 「도시계획법」에서 허용하고 있다. 도심에서 무허가공장이 줄게 된 이유이기도 하다. 더 나아가 서울시의 「2015 역사도심기본계획」에서는 패션의류, 귀금속, 인쇄를 3대 도심형 산업 거점으로 육성하고자 하는 목표를 세워 놓고 있다.

그동안 도심 제조업 내지 도심 공장을 도심 부적격 기능으로 치부하여 집단 이전정책 일변도의 대책을 펼쳐 왔던 것은 네트워크 생산 체제에 대한 이해 부족에서 비롯된 것으로 아쉬움이 남는다. 하지만 최근 이에서 탈피하여 일부 특화 업종을 거점 육성하고자 하는 시도는 진일보한 인식 전환에서 비롯되고 있다고 볼 수 있으며 매우 고무적인 현상이다.

세운상가 주변 재정비촉진계획

세운상가는 1970, 80년대 도심 산업의 메카였었다. 세운상가가 완공된 1968년의 1인당 국민소득은 131달러에 불과하였고, 첫 흑백 TV 방송을 시작한 것도 그즈음이었다. 하지만 반세기 이상을 지나면서 세운상가는 노후화되고 주변 지역과 조화로운 개발이 요구되었다. 서울시는 그 일대를 '세운상가 재정비촉진지구'로 지정하였다. 2009년 수립된 최초의「세운 재정비촉진계획」은 세운상가군과 주변 지역을 통합 개발하되, 세운상가는 철거하여 남북 녹지 축으로 조성하고자 하였다. 하지만 통합개발안은 주민 부담이 가중되고 주민 간의 갈등으로 인해 사업 추진이 장기화하였고, 대규모 전면철거재개발에 따른 산업 생태계의 교란이 발생하는 문제가 드러났다. 이에 따라 2014년에 점진적 맞춤형 정비를 유도하는 계획안으로 변경되었다. 세운상가군을 존치하되 주변 지역만 중·소규모로 개발하는 방식으로 전환되었던 것이다.

최근에는 다시 한번 '세운 재정비촉진계획'을 변경하고자 하고 있다. 지구 내 모두 171개의 구역 중 준공되거나 진행 중인 구역 외의 84개 구역에 일몰제를 적용하여 해제한 다음, 재생사업과 연계하여 추진을 검토하고 있다.

이렇게 도심 을지로 영세 공장을 어떻게 바라볼 것인가, 종묘에서 남산으로 이어지는 녹지 축을 여하히 구축할 것인가, 노후화된 세운상가군을 궁극적으로 어떻게 정비할 것인가 등에 대한 인식 차이에 따라 계획 변경을 거듭해 왔다. 하지만 계속되는

재정비촉진계획의 변경으로 사업은 더욱 장기화되면서 주민을
비롯한 이해관계인의 불만이 가중되고 있는 형국이다.

02

서울 을지로 도심 산업이
호소하는 어려움은 무엇인가?

그렇다면 서울 을지로에서 활동하는 도심 산업 종사자들이
호소하는 어려운 점은 무엇일까? 그리고 개선을 요망하는 요청
사항은 무엇일까. 업종에 따라 다소 차이가 있지만, 그들의 가
감 없는 목소리를 전하고자 한다.

도심 산업의 애로 사항

높은 임대료

도심 산업들의 가장 어려운 점은 무엇일까? 업종에 구분 없이
공통으로, 높은 임대료를 첫 번째로 꼽았다. 임대료는 향후 재
정비사업 이후의 재정착 문제에서 가장 어려운 문제인 만큼 착
한 임대료 유지를 위한 정책 방안이 요구되는 대목이다. 여기에

오래된 건물과 시설이어서 생산 및 영업 활동에 어려움이 많다는 의견까지 포함하면 전체의 반 이상을 넘는다. 다음으로 주차 문제를 손꼽고 있다.

다만 신규 유입 업종은 건물과 시설의 노후를 가장 어려운 점으로 꼽았다. 여기에 협소한 작업 공간을 포함하면 62.6%나 되어 물리적 환경에 어려움이 있다고 호소하고 있다.

열악한 물리적 환경 개선과 접근성

그러면 물리적 환경 개선이 필요하다는 응답의 실체는 무엇일까. 아래 표에서 보는 바와 같이 업종에 따라 다소 순위의 차이를 보여 주지만 크게 분류하면 3가지를 꼽을 수 있다. 사업장 확충과 노후 환경 개선 그리고 접근성 개선이 그것이다. 다만, 여타 제조업종에서 화장실·냉난방과 같은 기반 시설 개선을 요구하는 응답이 높았는데, 그 정도로 열악한 작업 환경에 처해 있다는 것은 시급한 개선 과제라고 하지 않을 수 없다. 철공소를 '흰옷을 입고 작업하는 공장'으로 탈바꿈시켜 수익률 20%를 달성했던 일본의 성공 사례는 시사하는 바가 크다(山本昌作, 2018).

[표 3.2.1] 물리적 개선 요망 사항

	도심 제조		도심 도소매	신규 유입
	인쇄 · 출판	여타 제조		
1위	사업장 면적 확충	접근성 개선	접근성 개선	사업장 면적 확충
2위	노후 환경 개선	기반 시설 개선	사업장 면적 확충	노후 환경개선
3위	접근성 개선	사업장 면적 확충	노후 환경 개선 및 기반 시설 개선	접근성 개선

낮은 수익률과 고령화

앞으로 을지로 도심에서 예상 활동 기간에 관한 질문을 했다. 도심 제조업은 '5~10년'을 가장 높게 예상하였다. 반면에 도심 도소매업은 '10~20년'이 가장 높은 비율을 보여 주고 있고, 신규 유입 업종은 '5년 미만'으로 가장 비관적으로 예상하였다.

[표 3.2.2] 사업 지속 기대

	도심 제조		도심 도소매	신규 유입
	인쇄 · 출판	여타 제조		
1위	5~10년 (38.6%)	5~10년 (31.6%)	10~20년 (33.3%)	5년 미만 (39.1%)

업종에 상관없이 활동 기간을 예상하는 데 영향을 주는 가장 공통적인 이유로 수익성의 악화와 종사자의 고령화를 꼽고 있다. 우리와 여건이 비슷한 일본 도쿄에서는 제조업체 경영자가 창업자와 친족 출신이 88% 이상으로 가족 경영 및 경영 승계가 활발하다. 하지만 도쿄에서도 여전히 고령화의 어려움을 호소하고 있어 양국 대도시 제조업체는 고령화로 인해 심각한 상황임을 알 수 있다.

　그런데 관심을 끄는 조사 결과가 있다. 상대적으로 종사자의 평균 연령도 낮고 수익률도 높은 신규 유입 업종에서 예상 활동 기간이 오히려 가장 짧다는 점이다. 그 이유는 두 가지로 파악되었다. 가장 먼저는 임대료를 지원받을 수 있는 임대 공간 〈메이커스 큐브〉를 이용할 수 있는 기간이 종료되기 때문이다. 또 하나는 세운상가의 경우 야간 전기 사용이 제한되는 등의 공간적 제약 등으로 인해 이전을 생각하는 비율이 높았다. 이를 제외하고는 종사자 대부분은 생업이라는 인식하에 계속 일하고 싶다고 희망하고 있었다.

요청 사항

지원책 수혜율 향상

서울시 혹은 중소기업벤처부와 같은 공공기관으로부터 최근 5년 내 지원받은 경험이 있는지를 질문했다. 혜택을 받았다는 비율이 신규 유입 업종을 제외하고 대부분 20%에도 미치지 못했다.

구체적으로 혜택을 받은 내용을 확인했더니 도심 제조업과 도심 도소매업은 소상공인 대출, 창업 지원 자금, 일자리 안정 자금 등과 같은 각종 자금 지원을 받은 사항이 대부분을 차지하고 있었다.

반면에 신규 유입 업종은 다소 차이를 보여 주었는데, 수혜 경험 비율이 41.7%로 기존 도심 제조업과 비교해 2배 이상 높아서 대조를 이루고 있었다. 그 내용도 소상공인 지원금과 같은 금전적인 지원도 없지 않았으나 주민 공모사업, 역량 강화 교육, 컨설팅, 공간 지원과 같이 폭넓은 지원을 받는 것으로 확인되었다. 세운상가 일대에서 도시재생사업의 하나로 진행되고 있는 '다시 세운' 프로젝트에 의해 기회를 제공받은 것으로 이해된다.

임대료의 제도적 관리

여기에서 공공으로부터의 각종 지원을 받지 못한 이유를 확인할 필요가 있다. 어떤 제약 여건으로 인해 공공 지원을 받지 못했는지를 확인했더니 모든 업종에서 '지원제도에 대한 정보 부족'을 가장 먼저 꼽았다. 실제 공장이나 도소매상을 운영하면서 이런 지원 내용을 일일이 확인하기 쉽지 않은 것이 현실이다. 두 번째는 '실질적으로 도움 되는 지원책이 없다'는 것이다. 가장 활발하게 지원받고 있는 각종 자금 지원도 결국 부재일 뿐이며, 여러 교육 프로그램도 시간 낭비나 부담이 커서 지원책으로서 매력이 떨어진다는 것이다.

그렇다면 이들이 실질적으로 도움 되는 공공 지원 혜택으로는 무엇이 있을까? 이 역시 업종마다 다소 차이가 있었는데 도심 제조업과 신규 유입 업종은 제도적 임대료 관리를 가장 선호하고 있었다. 앞서 가장 부담되는 애로 사항에 관한 질문에서 높은 임대료를 꼽았던 것과 맥락을 같이한다. 반면에 도심 도소매업은 조금 달랐다. 가장 먼저 보조금, 저리융자 지원 및 세제 혜택을 꼽았다. 그 비중이 무려 57.0%로 월등하게 선호하는 항목이었다.

바람직한 도시 정비 방법 채택

이런 상황에서 도심 영세 공장 밀집 지역에 대한 정비는 어떻게 하는 것이 좋을까? 대규모 재정비사업을 계속하자는 주장은 20% 전후에 불과하다. 재정비계획을 해제한 후 지구단위계획으로 정비하든지 개인에 의한 자율 정비를 하자는 의견이 과반수이다.

재정비사업을 할 때 고려해야 할 사항은 다양하게 제시되고 있다. 제조와 도소매는 이주대책비를, 인쇄업은 적정 임대료 관리를 가장 먼저 꼽았다. 그런가 하면 신규 유입 업종은 임시 사업장 지원을 가장 많이 요구하고 있었다.

요약과 정책 제안

4차 산업 혁명의 시대에 서울 도심 영세 공장들의 입지 역사와 존재 이유, 그리고 신규 유입 업종과의 협업 관계를 요약 정리한다. 그리고 이에 근거하여 정책적 시사점을 도출해 보고자 한다.

요약 정리

세상은 4차 산업 혁명의 시대에 들어와 있다. 인공지능(AI), 빅데이터(big data), 사물인터넷(IoT) 등이 일상화되었고 자율주행자동차, 가상 및 증강현실 등이 바로 눈앞에 와 있다. 비대면 시대에 걸맞은 메타버스(Metaverse)가 끝없이 그 영역을 확장하고 있다.

하지만 대한민국의 수도 서울 한복판에 소음, 분진의 도심 영세 공장이 딱 버티고 앉아 있다. 그 역사성을 찾아 거슬러 올라가 보았더니, 이미 조선 시대 때부터 기원하고 있었다. 도심 영세 공장은 일제 강점기 때에도 당대의 신산업과 경쟁하기도 하면서 도심의 한 축을 차지하고 있었다. 그리고 해방 이후에는 국가 경제의 부침에 따라 변화가 없지 않았으나, 평균적으로 서울시 전체 제조업의 20% 비중을 견지하면서 경쟁력을 유지해 왔다.

도심 영세 공장은 종이 · 인쇄 산업, 귀금속 산업, 섬유 · 의복 산업, 기계 · 금속 산업과 같은 몇몇 업종으로 특화되어 있다. 게다가 서울시 전체 종이 · 인쇄 산업, 귀금속 산업의 과반수가 도심에 밀집해 있을 정도로 비중이 높다. 또 도심의 섬유 · 의복 산업, 기계 · 금속 산업이 서울시 전체에서 차지하는 비중도 20%를 상회한다.

이런 업종을 포함하여 영세 공장이 도심을 차지하고 있는 이유를 학술적으로는 어떻게 설명하고 있는가? 도심이 새로운 제조업의 발생과 성장에 인큐베이터(Incubator) 역할을 담당하는 것으로 인식하는 인큐베이터 가설(Incubator Hypotheses), 도심의 저소득층 거주지에 거주하는 저소득 주민을 고용하려는 노동 집약적 성격의 제조업체들이 도심 또는 그 인근에 자리 잡는다는 국지적 노동시장론(Local Labor Market Theory), 그리고 산업구조 변화 요구에 대응하여 위험 부담을 외부화하여 최소화면서 안정적·점진적 산업구조 변화에 대응해 나갈 수 있다는 소기업 네트워크 생산 체계(Network Product System of Small Enterprises) 등 다양한 이론들이 그 이유를 설명하고 있다.

그럼 과연 이런 이론적인 설명 틀이 서울 도심에 영세 공장이 입지하는 이유를 설명하는 데 유용할까? 그동안 도심 제조업에 관해 여러 연구와 조사가 있었다. 다수의 박사 논문도 생산되었고, 서울연구원과 서울역사박물관과 같은 학술연구기관에서도 도심 제조업의 육성 발전 방안과 도시 재생 전략, 생활문화 자료 조사를 수행하였다(서울특별시, 2014; 권규상 외, 2018; 서울역사박물관, 2010). 이런 연구와 조사를 통해 일부는 수용 가능했고, 일부는 우리 현실에 부합하지 않는 것으로 확인되기도 했다.

최근 도심 제조업에 대한 또 다른 일련의 조사가 있었다. 다시 한번 도심 제조업의 산업 특성과 네트워크 실태를 분석하고, 4차 산업 혁명 시대에 즈음하여 신규 유입 업종과 전통제조업과의 공존 및 협업 실태, 그리고 향후 발전 가능성을 타진하기 위한 시도였다. 그 조사 결과를 서울 도심 영세제조업의 최초 연구라고 할 수 있는 강우원(1995)과 비교하여 설명하면 다음과 같다.

먼저 서울 도심의 영세 공장은 여전히 종이·인쇄 산업, 섬유·의복 산업, 기계·금속 산업 등의 특정 업종 중심으로 특화되어 있었으며, 전반적으로 규모의 영세성을 면치 못하고 있었다. 또 도심 공장의 점유 형태는 임차 형태가 90% 이상으로 25년 전과 비교해 전혀 변화가 없다.

하지만 강우원(1995)과 비교하여 큰 차이를 보이는 점도 발견할 수 있었다. 첫째, 25년 전 연구에서는 도심에서 최근에 창업하는 비율이 높았으며 제조업체 사업주의 평균 종사 연수는 11.8년 정도에 머물렀다. 반면에 지금은 최근 들어 창업하는 비율이 낮아 평균적으로 창업한 지 20년을 넘었고, 종사자의 종사 연수도 30년을 넘어서고 있어 종사자들의 고령화가 심각한 것으로 확인되었다. 2010년 이후로 꾸준히 새롭게 등장하고 있는 신규 유입 업종들은 평균 12년의 비교적 짧은 경력을 가지고 있지만, 대학 전공을 통해 획득한 기술을 가지고 세운 일대의 기술 생태계를 더 풍부하게 만들고 있다.

또 강우원(1995) 연구에 의하면 도심 제조업은 수익률이 평균 25.3%로 고수익을 확보하는 것으로 확인되었으나 현재 도심의 제조업체들이 피부로 느끼는 수익률은 비관적이다. 더구나 미래에 대한 기대 수익률도 현저하게 낮아 큰 차이를 보여 주고 있다.

둘째, 일감의 수주와 외주 관계를 살펴보면 세운 일대의 영세 공장은 제작 주문을 받아, 그 일을 세운 일대의 외주 업체와 협업으로 생산하는 특성을 유지하고 있었다. 인쇄·출판업종과 기타 제조업종은 일감 수주에 있어 세운 일대 내 의존도가 높지만, 외주에서도 인쇄·출판업종은 세운 일대 내의 업체에 일감을 주는 비중이 높았다. 다만 기타 제조업종은 절반 정도가 도심에서 해결할 수 없는 공정을 보유하고 있었는데, 이를 서울, 경기도 등에서 처리하면서 외부와의 연결성을 가지는 것으로 확인되었다.

심층 면접을 통해, 세운 일대의 제조, 유통, 디자인·제품 개발, 수리·서비스가 복합적으로 연계되는 형태를 확인할 수 있었다. 특히 디자인과 문화 콘텐츠의 개발·제작·유통 과정에서, 그리고 또 제품과 결합하는 과정에서, 세운 일대에서 제조에 관한 '지식 중심성'이 생겨났다고 해석할 수 있다.

셋째, 도심 도소매 업체들 또한 주변 도심 영세 공장과 일감을 나눠 처리하고, 재료와 원자재를 공급하면서 긴밀한 네트워크를 형성한다는 것을 확인하였다. 대부분 판매 기능만을 수행하는 도소매 업체들은 다양한 방식으로 주변의 제조업체들에 제작·설치·수리 등의 기능을 나누어 해결하고 있었다. 그 외에도 도심 상권이 가지는 이점을 바탕으로 서울, 경기도, 인천에 물품을 판매할 수 있는 경제 공간인 것으로 확인되었다.

심층 면접에 대한 경제 활동 유형 분석을 통해, 세운 일대의 제조 활동이 유통·디자인·지식 서비스를 존재케 하는 중요한 기반이라는 것을 확인하였다. 그러면서 느슨한 형태로 자율적 수평적 네트워크 구조와 이에 따른 사회적 네트워크형 클러스터를 형성하고 있다.

넷째, 세운 일대는 신규 유입 업종(IT, 디자인, 문화예술 등)에 매력적인 산업 생태계를 가지고 있는 지역으로 확인되었다. 신규 유입 업종은 세운 일대에 이미 형성되어 있는 산업 생태계를 적극적으로 활용하고 있었다. 외주에서도 신규 유입 업종은 세운 일대 내의 업체에 일감을 주는 비중이 높았다. 또 신규 유입 업종은 세운 일대에서 재료를 조달하는 비용이 60% 이상에 달해 세운 일대의 도소매 업종에 많은 의존을 하고 있다는 것도 확인되었다.

신규 유입 업종의 협업 방식은 단순한 주문 의뢰 및 납품에만 그치는 것이 아니고, 주로 제작품의 공동 기획과 시제품 개발로 진행되고 있었다. 그 진행은 신규 유입 업종 관련자가 먼저 협업을 제안하거나 업계의 소개를 통해 적극적으로 기회를 만드는 경우가 68%로 매우 높게 나타났다. 신규 유입 업종은 같은 업종과의 협업보다는 세운 일대의 제조업·인쇄업과의 협업 경험이 더 많으며, 방식이 더 적극적이고, 이런 활동을 확장하려는 의지 또한 더 높게 나타났다. 과제도 있었다. 시대를 아우르는 다양한 기술이 혼재하는 산업 공간이다 보니 상호 간의 기술에 대한 이해를 돕는 것이 중요하다는 의견이 다수로 나타났다.

다섯째, 세운 일대가 도심 영세 공장에는 매력 있는 것으로 확인되었다. 세운 일대가 가지는 가장 큰 장점은 대중교통을 통한 접근성과 풍부한 업체에 의한 거래비용 절감으로 드러났다.

반면에 고숙련 종사자의 고령화는 당장 발등에 떨어진 불이 되고 있었다. 또 고가의 임대료와 건물 및 시설의 노후화도 큰 단점이라고 입을 모았고 물리적 환경 개선이 시급하다고 목소리를 높였다. 이에 따른 종사자들의 구체적인 개선 희망 사항은 고객의 접근성 개선, 사업장 면적 확충, 그리고 화장실 냉난방 등의 기반 시설 확충으로 나타났다.

세운 일대의 물리적 환경은 분명히 개선되어야 한다. 하지만 그 방식은 전면 철거를 전제로 하는 재정비촉진사업은 아니었다. 업종을 불문하고 재정비계획을 해제해야 한다는 의견이 55~60%를 차지하고 있기 때문이다. 물론 재정비촉진사업을 해야 한다는 의견 또한 존재하지만, 그렇더라도 산업 생태계를 유지하는 정비하면서, 산업 종사자들을 배제하지 않는 사업계획이 되어야 한다는 태도는 견고하였다.

정책 제안

그래서 어떻게 하자는 것인가? 복잡하게 얽혀 있는 도심 산업 생태계를 이해하지만, 또 다른 도심 한 축을 담당하고 있는 국제 금융 업무 기능을 포기하자는 것인가? 금융 및 업무 공간 개발을 위한 모든 재정비촉진사업이나 도심 재개발사업을 더 이상 하지 말자는 것인가?

더는 개발 여력이 없는 강남을 보완할 수 있도록 도심에 국제 금융 업무 공간이 공급되어야 할 시의성을 가지고 있을 수 있다. 그리고 재정비촉진사업이나 도심 재개발사업을 통해 그 공간의 공급이 필요하다는 데 동의한다.

다만 그동안 도심 부적격 기능으로 대접받았던 도심 영세 공장이 공공의 어떤 지원도 없이 끊임없는 자발적 산업구조 조정을 통해 경쟁력을 갖추고 신산업과의 협업 가능성이 확인된 지금, 미래를 위한 첫 단추로는 무엇이 있을까를 고심해야 할 시점이라고 본다. 그래서 제안해 볼 만한 서울 을지로의 도심 공장 밀집 지역에 관한 산업 및 공간정책으로는 무엇이 있을까?

다음과 같은 4가지로 요약해서 제안해 보고자 한다. 새로운 서울형 창업 공간으로, 문화예술이 결합한 창작 거리로, 산업 재생형 도심 정비, 산업 유산으로서 세계 유산.

서울형 창업 및 창작 공간

세운 일대는 다양한 기술이 공존하는 경제 공간으로 소규모로 전문화된 도심 영세 공장들이 긴밀한 네트워크를 형성하면서 지속되어 왔다. 그리고 그런 기술력이 새롭게 등장하는 업종의 기술과 결합하면서 세운 일대는 신규 유입 업종에 매력적인 산업 생태계로 변화하고 있다. 신규 유입 업종 업체 중에서 20년 이상 장기 활동을 하고자 하는 업체들은 그 이유에 대해 세운 일대 산업 생태계가 '자신들의 활동을 펼치기에 좋은 조건'을 형성해 주기 때문이라고 한다.

기존의 여러 협업에 대한 평가도 긍정적이다. 세운 일대의 제조, 도소매, 인쇄 업체도 '기술이 있고', '직업에 대한 애정이 있으며', '이 지역이 아니라면 생업을 이어 나가기 어렵기 때문'에 더 세운 일대에서 활동하고 싶다는 의지를 표명한다. 이를 더욱 촉진하기 위해 오랫동안 이곳에서 네트워크를 형성하고 정책 지원의 가교 역할을 해 왔던 '관계자' 재생지원센터 등의 역할이 계속해서 기대된다.

여기서 리빙랩(Living Lab)과 팹랩(FAB Lab)이 결합한 세운형 창업 및 창작 공간의 가능성을 확인할 수 있다. 다시 말해 서울 을지로 도심의 세운 일대는 삶의 현장 곳곳을 실험실로 삼아 다양한 아이디어를 실험하고 실현할 수 있으면서, 주요 첨단 장비를 갖추고 각종 아이디어를 직접 만드는 창작 활동을 할 수 있는 거점 공간이 될 수도 있겠다.

문화예술 결합형 을지로 앨리(Alley)

영국의 이스트엔드(East End)는 세계 금융 산업의 중심인 시티 오브 런던(City of London)과 걸어서 불과 몇 분 거리에 있다. 이곳이 트루먼 브루어리(Truman Brewery)를 중심으로 한 영국 창조 산업의 아지트가 되고 있다. 프랑스 파리의 르 샹카트르(Le Centquatre)에서는 방치되었던 장례식장을 활용하여 다양한 창작 활동을 지원하고 있다. 미국 뉴욕의 실리콘 앨리(Silicon Alley)에서는 전통적인 소규모 제조업 중심에서 멀티미디어 산업과 콘텐츠 산업을 선도하는 신산업 공간으로 재편하고 있다. 실리콘밸리(Silicon Valley)와 달리 뉴미디어, 출판, 광고 등이 결합한 신산업 공간이라는 점이 특징이다.

21세기는 문화의 세기이다. 소규모로 전문화된 제조업체들이 긴밀한 네트워크를 형성하고 있는 세운 일대에 문화예술의 무늬를 입히자. 문화예술을 결합하여 특성 있는 신산업 공간으로 재탄생시켜 보자.

산업 재생형 도심 정비

뉴욕의 산업지구(Industrial Business Zones)에서는 주거 용도를 허용하는 다른 용도지역으로 다시 변경하지 않을 것을 뉴욕시가 보증한다. 뉴욕의 다른 용도지역으로부터 이곳으로 이전할 때 인센티브가 제공되고 각 산업지구(IBZ)별로 지구계획, 산업 입지 실태를 조사하고, 지원센터도 설치된다. 뉴욕 맨해튼에 있는 가

먼트지구(Garment District)가 여기에 해당한다.

서울 도심의 재개발사업과 재정비촉진사업은 산업 생태계를 무분별하게 훼손하고 있으며 기존 영세 공장의 내몰림 현상이 계속되고 있다. 수익성이 담보되는 주거 공간 위주로 개발이 이루어지고 있다. 젊은 층 유입을 위한 도심 공장의 물리적 환경 개선은 획기적으로 진행되어야 하지만, 세운 일대에서 도심 제조업을 위한 도시계획과 정비는 기존 산업 활동의 지속성을 담보하고 강화하는 가치 실현에서부터 출발해야 할 것이다.

산업 유산으로서 세계 유산(World Heritage as Industrial Heritage)

산업 유산으로서 세계 유산은 주로 단일 공장 건물을 보전하거나 박물관 등으로 재생하여 세계 유산으로 지정하는 형태이다. 독일의 촐페라인 탄광(Zollverein Coal Mine)이 대표적이다. 아직 서울 도심과 같이 영세 공장의 밀집 지역이 세계 유산으로 지정된 사례는 없다. 다만 유사한 예로 영국 버밍햄의 버밍햄 보석지구(Birmingham Jewellery Quarter)가 있다. 도심산업지역(City Center Enterprise Zone)으로 지정하는 한편, 역사 유산으로 장소화하여 공공 공간을 조성하고 보행 환경의 개선을 통해 영국의 '국가 유산(National Treasure)'으로 지정하였다. 현재 800개의 사업체가 있으며

100개의 특별판매상과 50명의 디자이너가 활동 중이다.

이에 서울 을지로를 세계 유산으로 제안해 본다. 서울 을지로 도심 영세 공장들은 고지가의 도심에서 수백 년 동안 생산 활동을 유지해 왔고, 시대별로 요구되는 끊임없는 산업구조 조정을 자율적·자생적으로 해결해 왔으며, 여타 산업과의 강력한 네트워크 생산 체제를 구축했다는 점에서 탁월한 보편적 가치(Outstanding Universal Value)를 확보하고 있다고 보겠다. 세계 유산으로 등재되면 탁월한 보편적 가치를 인정받게 되고 무분별한 정비 사업으로부터 보전이 가능할 수 있다. 더불어 관광객을 유치할 수 있어 일자리 창출 등과 같은 부수적인 효과도 기대된다.

04
맺으면서

이미 세상은 4차 산업 혁명의 시대에 들어와 있다. 하지만 대한민국의 수도 서울 한복판에 소음, 분진의 도심 영세 공장이 긴 역사성을 간직한 채 여전히 도심의 한 축을 차지하고 있다.

그동안 지자체는 산업정책이나 공간정책에서 이들을 소외시켰다. 오히려 부적격 기능으로 치부하고 외곽 이전을 추진하거나 도심에서 걷어 내기에 바빴다. 하지만 도심 영세 공장들은 네트워크 산업 생태계를 형성하여 경쟁력을 갖추고 자율적인 산업구조 조정을 실현해 왔다. 지금도 4차 산업 혁명 시대에서 신산업들과 다양한 형태의 협업이 진행되고 있음을 확인하였다.

시각적 편견에서 벗어나 도심 영세 공장들에 대한 새로운 위상과 가치 인식이 필요한 시점이다. 이를 위해 거대 자본에 휘둘리고 있는 도심 영세 공장 정비를 위한 몇 가지 제안을 해 둔다. 산업 재생과 가치사슬 체계 구축을 위한 '새로운 서울형 창업 공간으로', '문화예술이 결합한 창작 거리로', '산업 재생

형 도심 정비', '산업 유산으로서 세계 유산'이 그것이다. 우리
와 성격을 조금 달리하지만, 세계 대도시도 다양한 제조업 포
용 정책을 시도하고 나섰다. 뉴욕의 'Made in New York', 런던의
'Affordable workspace policy'가 그것이다.

이제 남은 것은 정책으로 구체화하는 일이다. 30여 년의 연구
결과가 시금석이 되어 도심 재생과 산업 재생을 실현해 나가기
를 기대한다.

참고 문헌

1. 강우원, "서울 도심부 제조업의 입지특성 연구," 서울대학교 박사학위논문, 1995

2. 강우원, "서울 도심부 제조업 입지에 대한 역사적 고찰", 서울시사편찬위원회, 〈향토 서울〉, 제56호, 1996

3. 강홍빈, "서울 도심 공간의 변화와 정책의 연구 Ⅰ: 관리주의적 접근," 〈서울시정연구〉 제7권 제1호, 1999

4. 권규상 외, 『일자리 창출형 도시재생 전략: 도시형 제조업 집적지역 재생을 중심으로』, 국토연구원, 2018

5. 김범식 · 남기범 편, 『서울의 공간 경제학』, 나남출판사, 2018

6. 김영배, "한말 한성부 주거 형태의 사회적 성격: 호적 자료의 분석을 중심으로", 〈대한건축학회 논문집〉 7권2호 통권 34호, 1991.

7. 김용창, "소기업 네트워크 생산 체계의 사회경제적 의의," 〈공간과 사회〉 통권 10호, 1998

8. 김창석 외, 『도시중심부 연구』, 보성각, 2000

9. 손정목, "이조 도시의 주민구성-관인, 이속과 시전 및 시전상인 등을 중심으로 한 이조 도시의 기능적 고찰," 〈향토 서울〉 제33호, 1975

10. 송찬식, 『이조 후기 수공업에 관한 연구』, 서울대학교 출판부, 1990.

11. 오은주 외, 『제조업 다시 보기: '매뉴팩처 서울' 도입 전략』, 서울연구원, 2017

12. 유원동, 『한국 근대 경제사 연구』, 서울: 일지사, 1993.

13. 이규목, "조선 후기 서울의 도시경관과 그 이미지," 〈'93 서울학 심포지움 현대서울의 뿌리 발표문〉, 1993

14. 이혜은, "일제 침략기 서울의 민족별 거주지 분포," 서울시사편찬위원회, 〈향토 서울〉 제52호, 1992

15. 정병순, 『서울 도심의 산업구조 변화에 따른 산업경쟁력 강화방안 연구』, 서울시정개발연구원, 2006

16. 정보근, "'콘크리트 공룡' 세운상가," 서울시립대학교, 『세운콘크리트-콘크리트와 세운상가, 그리고 변화에 대한 이야기』, 2019

17. 조명래, "총론:서울의 정치경제학-새로운 '서울 연구방법론'을 위해," 한국공간환경연구회 편, 『서울 연구-유연적 산업화와 새로운 도시 · 사회 · 정치』, 서울: 한울 아카데미, 1993.

18. 조성윤, "조선 후기 서울 주민의 사회적 성격," 서울시정개발연구원, 『동양도시사 속의 서울』, 1994

19. 최완기, 『조선 시대 서울의 경제생활』, 서울시립대학교 부설 서울학연구소, 1994

20. 한상진, "1980년대 이후 수도권 지역의 산업 재구조화: 기업 전략과 지방 노동시장의 변화," 서울대학교 박사학위논문, 1994

21. 한국공간환경연구회 편, 『서울 연구-유연적 산업화와 새로운 도시 · 사회 · 정치』, 서울: 한울 아카데미, 1993

22. 홍희유, 『조선 중세 수공업사 연구』, 지양사, 1989

23. Elizabeth Currid, 최지아(역), 『,세계의 크리에이티브 공장 뉴욕(The Warhol Economy: How Fashion Art & Music drive New York City』, 2009

24. 서울특별시, 『서울시 도심부 활동의 공간적 배분 계획에 관한 연구』, 1979

25. 서울특별시, 『도심 부적격기능 및 시설재정비계획의 구상』, 1986

26. 서울특별시, 『도시계획을 통한 도심 산업 육성 · 발전 방안』, 2014

27. 서울특별시, 『서울 6백년사』 2권, 1978

28. 서울특별시 중구, 「중구 도심형 산업의 활성화 및 정비계획」, 1995.

29. 서울특별시 중구, 『中區誌(上), (下)』, 1994

30. SH공사, 『세운재정비촉진지구 도심형 산업발전방안 연구용역』, 2012

31. 서울시정개발연구원, 『東洋 都市史 속의 서울』, 1994

32. 서울시정개발연구원, 『서울시 도심의 산업구조변화에 따른 산업경쟁력 강화방안 연구』, 2006

33. 서울연구원, 『서울시 주요 제조업의 공정 특성별 공간분포』, 2013

34. 서울연구원, 『제조업 다시 보기: '매뉴팩처 서울' 도약 전략』, 2017

35. 서울특별시 산업진흥원, 『거점 공간을 통한 세운상가 군 산업경제 활성화 방안 마련을 위한 컨설팅』, 2015

36. 서울디자인재단, 『문래 공감』, 2017

37. 서울역사박물관, 『세운상가와 그 이웃들』, 2010

38. 통계청, 『전국사업체조사』, 2017

39. 服部銈二郞, 『大都市地域論』, 東京: 古今書院, 1970

40. 矢作 弘, 『産業遺産とまちづくり』, 學藝出版社, 2004

41. 山本昌作, 『遊ぶ鐵工所』, ダイヤモンド社, 2018

42. 堀和生, "1930년대 사회적 분업의 재편성 : 경기도 · 경성부의 분석을 통하여," 安秉直 · 中村哲 공편저, 『근대 조선 공업화의 연구』, 서울: 일조각, 1993.

43. 吉田光男, "戶籍から見た二　世紀初頭ソウルの「人」と「家」", 『朝鮮學報』, 弟百四十七輯, 1993.

44. 露國大藏省 農商務省 山林局, 『韓國誌』, 1905.

45. 朝鮮總督府內務局土木課, 『京城都市計劃書』, 1930

46. 京城府, 『産業要覽, 家內工業に於ける調査』, 1937

47. 京城府, 『産業要覽』, 1938

48. 京城商工會議所, 『京城に於ける工場調査』, 1935

49. 東京都, 『平成 30年度(2018) 東京의 中小企業 現狀 製造業編』, 2018

50. Bellandi, Marco, "The Industrial Districts in Marshall," in E. Goodman and J. Bamford (eds), Small Firms and Industrial Districts in Italy, London and New York: Routledge, 1989

51. Brusco, Sebastiano, "Small Firms and the Provision of Real Services," F. Pyke and W. Segenberger (eds), Industrial Districts and Local Economic Regeneration, 1992

52. Chapman, K. and D. F. Walker, Industrial Location, Basil Blackwell, 1991

53. Coase, R.H., The Firm, the Market and the Law, Univ. of Chicago Press, 1988

54. Garvin, Alexander, The Heart of the City, Washington: Island Press, 2019

55. Law, Christopher M. et al., the Uncertain of the Urban Core, N.Y.: Routledge, 1988

56. Leone, R.A. and R.Struyk, "the Incubator Hypothesis: Evidence from Five SMSAs," 〈Urban studies〉 13

57. Lever, W.F., "Deindustrialization and the Reality of the Post-industrial City," 〈Urban Studies〉 28(6), 1991

58. Nerys Fuller-love · Esyllt Thomas, "Networks in small Manufacturing Firms," 〈Journal of Small Business and Enterprise Development〉 11(2), 2004

59. Nicholson, B.M., I. Brinkley and A. Evans, "the Role of the Inner City in the Development of manufacturing Industry," 〈Urban Studies〉 18(1), 1981

60. Potter, Cuz and Kim, Jeeyeop and Wang, Lei, "Spatial Distribution of Urban Manufacturing: A Study of Large US Cities," 〈대한국토 · 도시계획학회지〉, 제48권 제5호, 2013

61. Scott, Allen J., "the Spatial Structure of Metropolitan Labour Markets and the Theory of Intra-urban Plant Location," 〈Urban Geography〉 12, 1981

62. Scott, Allen J., "Locational Patterns and Dynamics of Industrial Activity in Modern Metropolis," 〈Urban Studies〉 19, 1982

63. Zoltan J. Acs and David B. Audretsch, "Small Firms in the 1990s", Zoltan J. Acs and David B. Audretsch (eds.), The Economics of Small Firms: A European Challenge, 1990

64. 통계청, KOSIS(2019)